PREFACIO

D urante bastante tiempo, tuve la idea de compartir mi testimonio de alguna forma, ya sea a través de un escrito o un video grabado. Sin embargo, seguí postergando y posponiendo compartir mi historia personal de restauración y victoria con un público más amplio.

Si bien compartí lo que Dios había hecho en mi vida, no fue en una plataforma más grande como un libro o un testimonio en video.

Un día, mientras estaba sentado en la congregación de la iglesia que pastoreaba, Lighthouse Assembly of God en Newark, Nueva Jersey, mi mentor y padre espiritual, quien resultó ser el orador invitado ese día, predicó un poderoso mensaje. Proclamó apasionadamente: "¡Si tan solo supieras!" Compartió cómo Dios lo había sacado de circunstancias difíciles y expresó su pasión por Dios. Dijo que si la gente supiera lo que había sucedido en su vida, se unirían a él para decir: "Mira lo que ha hecho el Señor".

Mi pastor, el reverendo Carmelo Román, comenzó una perorata inspirada por el Espíritu Santo, llena de fuego y gritos. Compartió historias personales de triunfo, como salir de los proyectos, el abandono de su familia por parte de su padre, y su alegría por adoptar niños. Cada vez que exclamaba: "Si tan solo supieras", sentía una profunda resonancia dentro de mí. Era como si me estuvieran preparando para recibir esa palabra y hacerla mía.

Recuerdo que pensé: "Es por eso que me encanta estar cerca de mi pastor. Compartimos la misma pasión y testimonios similares". Tenía razón. ¡Si la gente lo supiera! No todo el mundo es consciente de lo que Dios ha hecho en mí y de lo que quiere hacer a través de mí. A menos que comparta mi historia, las luchas personales por las que pasaron mi madre, mi padre, mi hermana y mi hermano seguirán siendo desconocidas para aquellos que crucen las puertas de nuestra iglesia o entren en contacto conmigo.

Debería haberlo sabido después de todos estos años. Como pastor, predico al respecto: "Y si alguien te pregunta acerca de tu esperanza cristiana, siempre debes estar listo para explicarlo" (1 Pedro 3:15 NTV). ¿Cómo lo sabrán si no se lo digo a todas las personas con las que entro en contacto? Fue en ese momento, sentado en las bancas de la iglesia que

¿SI TAN SOLO SUPIERAS?

¿SI TAN SOLO SUPIERAS?

PABLO PIZARRO

THE VALIENTE GROUP
PUBLISHING

Si Tan Solo Supieras
© 2024 por Pablo Pizarro

Sino esta indicado, citas de la Biblia son de Nueva Versión Internacional de Biblical, Inc.™. Usado con permiso. Todos los derechos reservados.

La Biblia Reina-Valera, 1960 Dominio public
Traduccion Lengua Actual, Socidades Biblicas Unidas, 2000. Usado con permiso.

Impreso en los Estados Unidos

ISBN-13: 979-8-9897655-3-9- tapa blanda
979-8-9897655-3-9- tapa dura

Typeset by Michelle Cline

The Valiente Group Publishing
North Arlington, New Jersey

TABLA DE CONTENIDOS
◆

DEDICACIÓN

◆◆◆

Para el amor de mi vida, la mujer de mi juventud, "mi trueno de chocolate", nada menos que mi esposa Erika Pizarro. Agradecer

A ti por ser mi inspiración y por recordarme continuamente que termine este libro. Su apoyo y aliento han significado mucho para mí. Agradezco sus oraciones y por creer en el día en que se publicaría este libro.

También dedico este libro a los dos regalos más preciados que un hombre podría pedir, mi hija Savannah Pizarro y mi hijo Zack Pizarro. Gracias por estar siempre a mi lado y creer en mí. Su apoyo inquebrantable ha alimentado mi determinación de llevar este libro hasta el final.

Por último, dedico este libro a la memoria de mi mentor y padre espiritual, el reverendo Carmelo Román, quien inspiró el tema de este libro. Ojalá estuvieras aquí para leer la historia terminada. Prometo llevar a cabo tu legado y honrar la sabiduría y la guía que me impartiste.

pastoreaba, que el Señor habló a mi espíritu. Él dijo: "Si la gente supiera de dónde te saqué, tendrían la esperanza y la pasión que tú tienes. Es hora de compartir tu historia. "Este libro no pretende ser como cualquier otro libro. De hecho, está diseñado para ser una especie de autobiografía, compartiendo las historias de lo que Dios Todopoderoso ha hecho a través de Su obra y gracia salvadora en mi familia y en mí. Mi oración y deseo ferviente es darles un vistazo dentro de mi vida pasada y presente. Al leer las palabras escritas en estas páginas, espero que comiencen a ver cómo Dios escucha las oraciones de cualquiera que invoque Su nombre. No importa la edad, el color o el género que tengas. Dios te escuchará dondequiera que estés, así como me escuchó a mí cuando tenía solo ocho años, sentado en una pequeña iglesia.

A esa temprana edad, yo era un niño problemático, cargado de emociones y experiencias mucho más allá de mi edad. Tenía miedo, enojo, vergüenza y vergüenza. Mi corazón estaba abrumado y oscuro, lo cual es una carga pesada para un niño. Me sentí abandonada e ignorada, tanto que estuve a punto de ser enviada a un hogar de acogida. A menudo me preguntaba por qué mis padres vivían una vida tan difícil, llena de drogas, alcohol y violencia. No sabía que Dios tenía un plan definitivo para mi vida y la vida de los miembros de mi familia.

Mi intención al escribir este libro es compartir el plan de transformación y cambio de Dios. Es para cualquier madre que ora por su hijo descarriado y descarriado, la esposa que se siente impotente frente a su esposo abusivo, y el esposo que se siente perdido y sin idea de cómo ser padre o esposo. Este libro es para todos los niños, jóvenes o adultos jóvenes que sienten que no hay luz al final del túnel para ellos o sus familias.

No tienes que sufrir en silencio. Si tan solo supieras que Dios puede escuchar tus oraciones y súplicas.

INTRODUCCIÓN

◆◆◆

LA ORACIÓN DE UN NIÑO DE OCHO AÑOS

Escuché a mi abuela decirle a su asistente de salud en el hogar una mañana: "Voy a llamar a BCW", que es la Oficina de Bienestar Infantil, ahora conocida como Administración de Servicios para Niños, en la ciudad de Nueva York. "Sé que son mis nietos, pero no puedo hacerlo". ¿Qué hace una abuela enferma que cuida a tres niños pequeños cuando tiene recursos limitados, vive en los multifamiliares y no tiene a nadie más que la ayude?

Creo que mi abuela, Carmen Daisy Bonilla, era una abuela cariñosa. Mi madre y mi padre decidieron dejarnos en su casa un día y simplemente desaparecer en busca de sus propios vicios y adicciones, y ella se quedó a cargo de mi hermano, que tenía necesidades especiales, de mi hermana, que era una niña y necesitaba una madre y tenía sus propias necesidades, y ni hablar de mí, quien le hizo pasar el peor rato debido a mi actitud y fuerte voluntad (debo admitirlo). No creo que mi abuela esperara volver a ser madre. Después de todo, todos sus hijos estaban fuera de casa y tenían treinta y tantos años. Estaba mi mamá y mis tres tíos, que eran todos drogadictos. Algo salió mal en esta familia. Entonces, ¿qué se podía esperar de mi abuela? Todos los días, cocinaba para nosotros, nos preparaba para la escuela y, de alguna manera, trataba de mantenernos a salvo. Sin embargo, había llegado el momento en que no podía soportarlo más.

Esa noche, después de preparar la cena, tomó el teléfono amarillo de la vieja escuela e hizo la llamada. Según ella, la Oficina de Bienestar Infantil había hecho arreglos para recogernos al día siguiente. Dijo que iríamos a la iglesia esa noche y que debíamos tener nuestras pertenencias listas para que cuando vinieran y nos entrevistaran, estuviéramos listos para irnos. Estaba triste y asustada al mismo tiempo.

La camioneta de la iglesia vino y nos recogió para ir a la iglesia, y mi abuela nos despidió. Se quedó en casa. Nuestra iglesia estaba ubicada en la avenida Gleason en el Bronx. Esta pequeña iglesia creía en el poder de la oración. El pastor de la iglesia era el reverendo Raúl García, y estaba dirigiendo un servicio de oración de diez a quince personas. Antes de despedir el servicio de oración, preguntó si alguno de los asistentes tenía una petición de oración personal. Yo era uno de esos niños que decía todo lo que pasaba en la casa. Inocentemente levanté la mano, y con todas las emociones que sentía por ir a un hogar de acogida y posiblemente ser separada de mis hermanos y mi familia, me puse de pie y dije: "No quiero para ir a un hogar de acogida. Si Dios es real, todo lo que quiero es que Él sane a mi madre y a mi padre y me permita tener una familia. Si lo hace, le diré al mundo quién es Dios".

Escuché a las señoras mayores decir: "Ay, pobrecita", mientras se reunían alrededor de mis hermanos y de mí y comenzaban a orar por lo que acababa de decir. El servicio fue despedido, subimos a la camioneta de la iglesia y el conductor de la iglesia nos acompañó a mis hermanos y a mí al ascensor. Cuando llamamos a la puerta, nuestra abuela la abrió con los ojos llorosos y nos llamó para que entráramos. Abrazó a mi hermana y le dijo: "Cancelé la cita de BCW. Ustedes son mis nietos, y mientras tenga vida, voy a cuidar de ustedes. No sé cómo, pero lo haré".

Me quedé en shock y pensé: "Vaya, la oración realmente funciona". Me sentí como un niño que pidió un deseo mágico y se acababa de hacer realidad. Pero esto era más que un deseo mágico; Este era el poder de una oración contestada. Yo solo tenía ocho años, pero Dios escuchó el clamor de un niño de ocho años que ni siquiera sabía por qué estaba orando, ¡pero Dios Todopoderoso lo sabía!

◆

Ese momento cambió mi vida para siempre. Predico esto cada vez que puedo. Vivo de acuerdo con la frase: la *oración funciona*. El resto de mi historia no es fácil, pero esta es una de las muchas oraciones que Dios respondería en mi vida. Hasta el día de hoy, mantengo mi fin del trato con Dios, que es parte de la razón por la que estoy escribiendo este libro. Prometí decirle al mundo quién es Él. Si supieras por lo que pasé, entenderías por qué hablo de Él dondequiera que voy.

SI TAN SOLO CONOCIERAS SU PASADO

Si supieras que los niños estaban mirando, las fiestas, las peleas, las drogas y el alcohol, papá, mamá y tíos con las jeringas mientras miraba a través del pliegue inferior de la puerta del baño. Ganaba mucho dinero recogiendo las latas y botellas de las fiestas sobrantes.

Las palizas que recibía mi madre —un tenedor en la oreja, una pierna rota, un hueso destrozado justo en la mitad de la pierna—, la violencia doméstica estaba viva y coleando en mi casa. La lucha era real. Nos escondíamos detrás de las puertas. Mi padre era el "súper" (superintendente), así que todos venían a buscarlo. Sus hermanos lo veían como un héroe, pero era muy violento.

CAPÍTULO 1

◆◆◆

MI PADRE

A principios de los años setenta, mi padre era un boxeador de peso pluma de los Guantes de Oro que se derivó de Santurce en San Juan, Puerto Rico, en una gira por los Estados Unidos con la esperanza de una gran pelea de premios y fama. Viajaba por Nueva York y Conoce gente nueva, pronto te olvidas del boxeo.

Si no estás familiarizado con la vida en los años setenta en Nueva York, déjame que te familiarice. Lo llamaron el verano de Sam, ya que un asesino en serie se había embarcado en una loca ola de asesinatos. Se decía que el Bronx (donde aterrizó mi padre) estaba ardiendo. Los edificios abandonados que se ven hoy en Detroit no son nada comparados con lo que tenía Nueva York. Era parte de una cultura llamada "La era del Amor Libre"; Las camisas de poliéster, los pantalones acampanados y las patillas eran la tendencia común. La ciudad de Nueva York era el área urbana más grande de los Estados Unidos, con una población de 7,9 millones de habitantes. Llegar a esta gran metrópolis abrió los ojos de un joven aspirante a boxeador.

Mi papá nunca tuvo una relación con su familia. Su madre murió debido a una depresión posparto. Su papá pronto formó una nueva familia con otra mujer. Esta mujer tuvo otros hijos, y junto con los hijos de su difunta esposa, formaron el "Grupo Brady". Siempre había estado confundida en cuanto a por qué la mitad de mis tías y tíos eran de tez clara, ojos bonitos y buen cabello, mientras que la otra mitad eran morenos con cabello no tan bueno. El papá de mi padre pronto se iría de Puerto Rico, junto con su familia recién formada, excepto por uno: dejó atrás a mi papá. Lo dejó a su suerte.

El boxeo se convirtió en un escape para mi padre. Recurrió a acciones violentas hacia los demás. Estaba resentido con su padre por haberse quedado atrás. Pronto, el boxeo le proporcionaría el boleto para salir de la isla de Puerto Rico, solo para encontrar un mundo completamente diferente en los grandes Estados Unidos. Aterrizó en Nueva York a mediados de los años setenta. Mientras corría por las calles de Nueva York, y una vez que se reunió con sus hermanos y hermanastro (los de piel clara y no tan clara), parece que se embarcó en una misión para tratar de demostrar que era lo suficientemente grande y malo como para defenderse y que era el "guerrero de la familia". Se convirtió en la persona a la que todos mis tíos llamarían si hubiera una "carne". Las calles sabían que Pablo era un tipo muy malo.

A mediados y finales de los setenta, conoció a mi madre, Noemí Bonilla. Ahora, mi mamá tuvo una crianza difícil. Su historia es una que te hace decir: "Guau".

DEVOCIONAL

◆

¿POR QUÉ NACÍ EN ESTA FAMILIA?

¿Alguna vez te has preguntado: «¿Cómo terminé en esta familia?» Así es exactamente como me sentí. Mi madre estaba luchando contra la adicción y mi padre estaba luchando contra el alcoholismo y el comportamiento abusivo hacia las mujeres. Muchos de los parientes de mis padres también se vieron envueltos en el abuso de sustancias. En consecuencia, mis hermanos nacieron con necesidades especiales debido al consumo de drogas. Me sentí completamente excluida e incluso avergonzada de mis antecedentes familiares.

¿Alguna vez has mirado a tus amigos o vecinos y has pensado que tenían una familia perfecta sin problemas? Bueno, déjame decirte que ese no es del todo el caso. Cada familia tiene sus propias luchas, y cada persona tiene sus propios defectos. Como dice la Biblia: «Todos pecamos y estamos destituidos de la gloria de Dios» (Romanos 3:23). En otras palabras, nadie es perfecto.

Esa simpática familia que vive al otro lado de la calle, con sus coches de lujo y sus carreras de éxito, puede muy bien estar enfrentando desafíos en su matrimonio. Es posible que sus hijos estén ocultando secretos como la pornografía o el consumo de drogas a sus padres. Es posible que ni siquiera coman juntos como familia en la mesa.

Es importante darse cuenta de que Dios me puso en mi familia con un propósito. Tú puedes ser ese catalizador para el cambio. Usted puede ser la voz de la razón en su familia y ayudar a guiarlos por el camino correcto. ¿Alguna vez has considerado que al buscar a Dios y pedirle que salve a tu familia y te use para marcar la diferencia, realmente podría suceder?

Usted tiene el poder de cambiar la trayectoria de la vida de su familia al:

1. Seguir estudiando y alcanzar tus metas, incluso cuando la gente duda de ti,

2. Elegir mantenerse alejado del alcohol y las drogas, a pesar de la influencia de amigos y familiares,

3. Rodearte de influencias positivas y tomar decisiones sabias sobre la compañía que tienes, y

4. Encontrar el amor verdadero y comprometerse con un matrimonio duradero, independientemente de las normas sociales o las expectativas familiares.

Al despedirse, recuerda que Dios tiene un mensaje para ti con respecto a esta situación: "Porque yo sé los planes que tengo para ti", dice el Señor.

"Son planes para el bien y no para el desastre,

para darte un futuro y una esperanza"

(Jeremías 29:11 NTV).

_____

_____

_____

_____

_____

_____

¿POR QUÉ NACÍ EN ESTA FAMILIA?

CAPÍTULO 2

◆◆◆

MADRE MÍA

M i madre tenía unos siete u ocho años cuando su padre decidió que se colaría en su habitación y abusar sexualmente de ella. Lo hacía continuamente hasta que mi madre comenzó a experimentar dolores en el área genital, junto con una cantidad anormal de secreción. Resultó que estaba embarazada de su propio padre. Cuando mi mamá le contó esta atrocidad a su madre, fue ignorada. Mi madre estaba en un momento difícil para cualquier niña. Su madre se negó a creerle a su hija por miedo a perder a su marido. Mi abuela ignorantemente volvió la vista hasta que mi madre comenzó a mostrar signos de negligencia a través del alta y los problemas médicos. No lo creerías, pero mi abuelo solo recibió uno o dos años de libertad condicional.

Mi madre fue enviada a un hogar de acogida hasta que cumpliera dieciocho años. Al ser liberada de su hogar de acogida, conoció a un infante de marina y pronto se casarían. Según me contó mi madre, se iría de gira con los marines, para no volver nunca más con ella. El matrimonio fue anulado y pronto tomaría las calles del Bronx, Nueva York. Comenzó oliendo pegamento en la escuela (esto era adictivo en aquellos días). Más tarde, usaría marihuana y escalar a heroína.

A través de amigos en común, le presentaron a mi padre, y pronto comenzaron a salir y se convirtieron en pareja. Mi mamá y mi papá nunca se casaron; Convivieron durante más de dieciocho años. Esos años estuvieron llenos de violencia doméstica, drogas y alcohol. Nada más que confusión llenaba nuestra casa.

Mi madre abortó al menos trece bebés. Algunos especularon que pudo haber sido debido a su embarazo temprano y al daño que su padre pudo haber causado cuando la violó a una edad temprana. Tiendo a creer que podría haber sido una mezcla de su vida desenfrenada de drogas, las palizas que mi padre le daba mientras estaba embarazada y, sí, el daño que su padre le causó.

Personalmente fui testigo de cómo mi padre usaba sus grandes habilidades de boxeo un par de veces. No, nunca se sentó conmigo para mostrarme los combos uno-dos o los uppercuts. Lo veía golpear a mi madre con esos puños como si fuera un hombre. Una vez lo vi golpear a alguien muy mal solo porque le silbó a mi madre.

Recuerdo lo fuera de control que estaba mi padre y cómo sus acciones fueron totalmente negligentes. Como se mencionó anteriormente, mi papá era un "súper" de un gran edificio de apartamentos en la calle 161 y la avenida McClellan. Sí, justo enfrente del Yankee Stadium. Una vez entró en lo que llamamos una bodega (tienda de la esquina) conmigo sobre sus hombros, con ambas piernas envueltas alrededor de sus hombros, y metió las manos dentro de su gabardina, sacándolas como si tuviera una pistola (que no tenía). Dijo en voz muy alta con su acento roto: "¡Esto es un imbécil! ¡Geeve me all da moneey o I keel chu!" Vi el miedo de frente en los ojos de ese empleado de la tienda. Rápidamente le dio el dinero a mi papá, y mi papá salió conmigo sobre sus hombros como si nada hubiera pasado. Es posible que tuviera unos cinco o seis años.

Me preguntó: "¿*Ta bien, papi?*(¿Estás bien, amigo?) Luego, dijo un comentario que siempre decía: "¿Se cocinaba en una olla?" Lo repetía con una sonrisa cada vez que decía: "¿Se estaba cocinando en una olla?"

Se supone que los padres deben llevar a sus hijos al parque y jugar béisbol, lanzar una pelota de fútbol y pelear un poco, no sostener una bodega…Pero este era su estado de ánimo.

DEVOCIONAL

◆

UNA FLOR QUE FUE DESCUIDADA

Cuando mi primogénita, Savannah, llegó al mundo, no sabía cómo reaccionar. El médico anunció: "Es una niña", ya que habíamos optado por no saber el género de antemano. ¡Me quedé asombrado! Sin embargo, me preocupé por cosas como peinarla, bañarla e incluso vestirla de una manera que no la hiciera parecer un niño.

En realidad, me equivoqué todo el tiempo. Las muchachas son como flores delicadas; Simplemente necesitan cariño, cuidado, atención y, lo más importante, amor (aunque requiere mucha paciencia). Al proporcionar estas cosas, pueden florecer maravillosamente.

Cuando se trata de mi propia madre, lamentablemente, ella era una flor descuidada. En lugar de recibir la atención que necesitaba, fue defraudada y sus esperanzas fueron aplastadas. La dejaron crecer por su cuenta, incapaz de alcanzar su máximo potencial porque su padre decidió hacerle daño y su madre decidió no creerle.

A pesar de haber pasado casi cuarenta años sin florecer por completo, puedo decir con confianza que hoy, mi madre está floreciendo más que nunca. Aunque su padre terrenal no pudo ser el padre que ella necesitaba, su Padre celestial ha intervenido para llenar ese vacío.

La Biblia nos recuerda: "Aunque mi padre y mi madre me abandonen, el Señor me estrechará" (Sal. 27:10 NTV). A todas las maravillosas flores listas para florecer, recuerden que Dios está con ustedes. Él nunca te dejará ni te hará daño.

Para concluir, quiero enfatizar que hay una generación de hermosas flores: nuestras hijas, madres y esposas, que se están levantando. Es fundamental que no los descuidemos. Asegurémonos de que reciban la atención, el amor y el apoyo que merecen.

"Las flores están brotando, ha llegado la temporada del canto de los pájaros, y el arrullo de las tórtolas llena el aire"
(Cantar de los Cantares 2:12).

CAPÍTULO 3

MI HERMANITO: CARLOS

El 10 de junio de 1984 nació mi hermanito Carlos Manuel Pizarro. Hasta entonces, yo era el único chico de la familia. Estaba acostumbrada a que solo fuéramos mi hermana y yo. Realmente no puedo recordar ni recordar que mi madre estuviera embarazada de mi hermano. No estoy seguro de si es porque solo tenía cuatro años o porque ella nunca estuvo cerca. Ella siempre se drogaba mientras estaba embarazada de mi hermano pequeño. Todo lo que recuerdo es que una noche, mi padre nos recogió a mi hermana y a mí de la casa de mi abuelo y nos llevó al Bronx Lebanon Hospital. Pude ver a mi hermanito a través de una ventana, pero todo lo que vi fueron dos parches en sus ojos y una gran luz brillando en su rostro mientras yacía temblando en una incubadora.

Le pregunté a mi papá: "¿Qué le pasa al bebé?" (Ni siquiera sabía su nombre todavía). Mi papá me dijo: "Está enfermo. Estará bien". Pasaron días, semanas y meses, y recuerdo que tenía que ir a visitar al bebé al hospital o esperar a que mi padre regresara del hospital. A menudo me preguntaba: ¿Por qué el bebé no puede venir a casa con nosotros? A medida que crecí y adquirí más comprensión, llegué a saber que mi hermano nació adicto al crack y la cocaína. Esto se debió al constante abuso de drogas de mi madre mientras estaba embarazada de mi hermano. Mi mamá fumaba crack en pipa mientras estaba embarazada de mi hermano Carlos. Su adicción a las drogas era tan apasionante que incluso cuando lo dio a luz y él estaba en el hospital en una incubadora, volvió a consumir crack.

Años más tarde, mi hermano sufriría los efectos de haber nacido adicto al crack y a la cocaína, tanto que permaneció mudo hasta los siete años. Los médicos le dijeron a mi familia que nunca podría vivir una vida normal, que se esperaba que solo fuera al quinto o sexto grado y que tendría que asistir a una escuela para necesidades especiales. Recuerdo a mi hermano tarareando o haciendo ruidos para que nos comunicáramos. Nunca le oí decir una palabra.

Un día, mientras asistíamos a un servicio evangelístico especial, un predicador impuso las manos sobre mi hermano y dijo que sería sanado. Entonces no pasó nada, pero cuando llegamos a casa, para nuestro asombro, mi hermano me miró y dijo: "Junior, tengo hambre".

Le pregunté: "¿Qué dijiste?"

Y lo dijo de nuevo: "Tengo hambre".

Corrí hacia mi hermana y le dije: "Ven aquí. Escúchalo".

Él le dijo: "Tengo hambre".

Corrimos hacia nuestra abuela y nuestro papá y les dijimos que estaba hablando. Todos nos quedamos asombrados.

A partir de ese día, mi hermano pronunció frases completas. Nunca aprendió a hablar con un logopeda o un entrenador del habla. El poder de Dios sanó a mi hermano, y él y toda nuestra familia pueden dar fe de haber visto a Dios hacer este increíble milagro en nuestra familia. (Nota al margen: hasta el día de hoy, mi molestia no deja de hablar. ¡Chico, puede hablar! ¡Es broma!)

¿Y en cuanto a que nunca pasó del sexto grado? Bueno, no solo superó eso, sino que se graduó de la escuela secundaria y comenzó la universidad, sí, la universidad. Actualmente está cursando la licenciatura en música. Sí, canta como un cantante de ópera... ¡Alabado sea el Señor!

◆◆◆

NO ERES UN ERROR

¿**A**lguna vez has sentido que eras un error? Tal vez creíste que no debiste haber nacido, que fueron el resultado de una aventura o una aventura de una noche. Es posible que te hayas sentido como un error.

Muchos podrían haber dicho lo mismo de mi hermano menor, Carlos, a quien cariñosamente llamamos *Chiquitín* en español, que significa "pequeño". Le pusimos ese nombre porque cuando mi padre lo trajo a casa del hospital, era tan pequeño que cabía en la palma de la mano, como una mascota pequeña. Su tamaño era casi increíble, así que mi padre nos lo presentó a mi hermana y a mí como "pequeñito".

Era irrealmente pequeño porque mi madre y mi padre tomaron la desafortunada decisión de abusar de las drogas mientras mi hermano aún estaba en el vientre de mi madre. Como resultado, nació prematuramente y lo que la sociedad etiquetaría como un "bebé crack". Tuvo que depender de las máquinas y nació adicto al crack.

Los médicos predijeron que enfrentaría muchos desafíos y que ni siquiera terminaría la escuela debido a sus problemas de aprendizaje.

Mi propio hermano podría haber llegado fácilmente a la conclusión de que había sido un terrible error de vida. Sin embargo, permítanme compartir algo increíble con ustedes. Mi hermano era mudo y no pudo hablar hasta los siete años, pero Dios lo sanó. A pesar de todas sus necesidades especiales, no solo pasó del jardín de infantes a la escuela secundaria, sino que también se graduó. ¡Incluso asistió a un colegio comunitario!

Dios nunca cometerá un error al crearnos. Él toma nuestros desafíos y los convierte en oportunidades maravillosas. Es por eso que la Biblia dice: "Te alabo por la maravillosa manera en que me creaste. ¡Todo lo que haces es maravilloso! De esto no tengo ninguna duda. ¡Nada de mí está oculto para ti! Secretamente estaba entretejido fuera de la vista humana, pero con tus propios ojos, viste cómo se formaba mi cuerpo. Aun antes de que yo naciera, habías escrito en tu libro todo acerca de mí" (Salmo 139:14-16 NVI).

Si mi hermano fue considerado un error, entonces por favor explique cómo:

- Puede memorizar cada número de matrícula de memoria después de verlo solo una vez.

- Puede proporcionarte las estadísticas de cualquier equipo deportivo, especialmente de sus equipos favoritos.

- Puede memorizar números y direcciones al instante.

Quiero dejarlos con estas palabras de despedida. Es posible que te etiqueten como débil o un error debido a tus defectos, discapacidades y necesidades especiales. Pero conozco a un Dios que puede tomar lo que percibes como un error y transformarlo en un poderoso regalo. Escuche lo que Dios tiene que decir acerca de su debilidad o error:

> "*Mi regalo de gracia inmerecida es todo lo que necesitas. Mi poder es más fuerte cuando tú eres débil*"
> (2 Corintios 12:9).

Por lo tanto, si Cristo sigue dándome su poder, con gusto me jactaré de lo débil que soy.

CAPÍTULO 4

◆◆◆

MI HERMANA
MAYOR: BRENDA

Mi hermana, Brenda Pizarro, es la mayor de nuestros hermanos. Mi hermana es muy especial para mí en muchos sentidos. Hasta el día de hoy, cada Día de la Madre, me aseguro de darle elogios y elogios especiales por ser la madre que no tuve. Nació el 16 de mayo de 1975, adicta a la cocaína y también prematura. Sus problemas la llevarían a ser colocada en clases de educación especial toda su vida. Sin embargo, ella no sufrió tanto como mi hermanito.

Siempre me gusta pensar que mi hermana tiene que ser uno de los seres humanos más fuertes que he conocido. Verá, a veces, cuando los padres aman su vida de drogas y alcohol, generalmente es el hermano mayor quien se queda a cargo de los otros hermanos y hermanas. Este fue el caso de mi hermana, Brenda. Hay que tener en cuenta que tenía sus propias limitaciones de aprendizaje y era la única hermana mujer.

Mi mamá y mi papá a menudo nos dejaban, y era mi hermana quien nos calentaba la comida o limpiaba después de nosotros. Mi hermano necesitaba una atención especial por haber nacido adicto al crack y a la cocaína. Era mudo y también tenía necesidades emocionales, pero Brenda hizo lo mejor que pudo. Se aseguró de cambiarle el pañal, enseñarle a ir al baño, bañarlo y cocinar para nosotros. Ella

Nos despertaba por la mañana y nos servía el desayuno. Por supuesto, esto afectaría la educación de mi hermana, haciendo que a veces faltara a la escuela porque mis padres no estaban cerca y ella tenía que cuidarnos. Recuerdo cómo los oficiales de ausentismo escolar venían a vernos y cómo mi hermana siempre se las arreglaba para mantener la compostura.

Mi hermana siempre ha estado en el radar de Dios. Hasta el día de hoy, ella ha tenido sus desafíos debido a la forma en que nos criaron; sin embargo, Brenda logró terminar la secundaria. Se suponía que no iba a triunfar en educación especial, pero estudió artes culinarias. Sí, le encanta cocinar.

Francamente, pensé que nunca querría casarse y tener sus propios hijos, pero Dios ha sido bueno con ella, y hoy tiene un hijo propio y ha estado casada por más de once años. Todavía tiene sus desafíos, pero una cosa que no ha cambiado es su ética de trabajo duro. Nunca se queja. Dios le ha dado un espíritu pacífico.

Te quiero, Brenda. Gracias por ser nuestra mamá cuando no teníamos una.

DEVOCIONAL

◆◆◆

OBLIGADO A SER UN LÍDER

Si alguna vez te sientas a ver la televisión a altas horas de la noche, a menudo te encontrarás con un segmento de treinta minutos que destaca la difícil situación de los países pobres y la necesidad de donaciones para ayudar a las familias y a los niños abandonados. He visto segmentos en los que niños pequeños han perdido a sus padres debido a circunstancias trágicas, dejando que el hijo mayor asuma el papel de líder de la familia.

Si bien es posible que mi familia no haya experimentado una pérdida tan devastadora, el crack, la cocaína y el alcohol ciertamente tuvieron un impacto destructivo en mis padres. Desaparecieron durante semanas, si no meses, dejándonos a los tres niños abandonados y sin supervisión. Verá, cuando los padres priorizan su vida de drogas y alcohol, a menudo es el hermano mayor quien asume la responsabilidad de cuidar a los más pequeños. En mi familia, esa era mi hermana, Brenda.

La propia Brenda nació prematura y adicta a las drogas. Sin embargo, nunca me he encontrado con un paciente más paciente, persona cariñosa y tranquila como ella. Asumió el papel de líder desde el primer día.

Cuando nuestros padres estaban ausentes, Brenda:

– Aliméntanos,

– Cambiar los pañales de mi hermano,

– Cuida a nuestro hermanito con necesidades especiales,

– Lavar nuestra ropa, y mucho más.

Nos quería a mi hermano y a mí como a una madre. A medida que nos convertimos en adultos, Brenda solía decir que nunca quiso tener hijos propios, y se aferró a esa creencia durante un tiempo hasta que tuvo a mi único sobrino. Sin embargo, no tenía ninguna duda de que ella lo amaría como nos amaba a nosotros.

La Palabra de Dios dice: "No temáis. Yo estoy contigo. No tiembles de miedo. Yo soy tu Dios. Te fortaleceré, te protegeré con mi brazo y te daré victorias" (Isaías 41:10). De hecho, Él nos protegió a través de nuestra hermana y su amor y bondad.

Les dejo con estas palabras de despedida: A veces, somos empujados al liderazgo no por nuestra propia elección, sino porque alguien más depende de nosotros. Esta es en realidad la voluntad de Dios. Posees todas las cualidades necesarias para ser un líder.

"Sé siempre amable con los demás"
(Filipenses 4:5).

"Dad gracias en todas las circunstancias; porque esta es la voluntad de Dios para vosotros en Cristo Jesús"
(1 Tesalonicenses 5:18).

_____

_____

_____

_____

_____

_____

_____

CAPÍTULO 5

•◆•

PESADILLAS EN MIS CASA DE LA ABUELA

Por lo general, cuando los niños pequeños no pueden dormir o son atormentados por pesadillas y monstruos boogie, usualmente corren a la habitación de sus padres y se arropan entre mamá y papá. ¡No recuerdo cuándo pude hacer eso!

Recuerdo que cuando mi madre y mi padre desaparecieron durante unos tres años, me preguntaba si alguna vez volvería a ver a mis padres. Mi abuela pensaba que mis padres estaban muertos. La mamá de mi madre se quedó a cargo de nosotros. Mi hermana mayor y mi hermano menor dormían con mi abuela, y yo me quedaba durmiendo en la sala de estar. Esto fue en los proyectos del río Bronx. Nunca lo olvidaré, 1472 Bronx River Ave Apt 4F.

La vida estaba llena de una abuela malhumorada de más de setenta años y poco cariñosa. Era dura... Sé que tenía buenas intenciones y, por supuesto, nos amaba, pero caramba, era militante. Si no se hubiera tomado el café con Stella D'oro Galletas de anís y no podía cotillear con su asistente de casa temprano en la mañana, su día era miserable.

Siempre almorzaba a las 12 p.m., que consistía en galletas de soda, carne en olla y *jugo de* parcha. Sí, eso era el almuerzo casi todos los días. Por la noche, la cena variaba, pero por lo general eran chuletas de cerdo, carne en conserva con papas o un huevo con arroz blanco. Dependía de la época del mes que fuera. Si era el primero del mes, ¡estábamos bien!

Alrededor de las 7 p.m., después de la cena, mi abuela se iba a su habitación, junto con mi hermana y mi hermano pequeño, y veía *las novelas* . Me quedaba en la sala porque creo que tenía TDAH y no la dejaba disfrutar de sus *novelas*. De 7 a 10 p.m., eran telenovelas. Me quedé jugando con mis tarjetas de béisbol y viendo a los Yankees de Nueva York en un televisor en blanco y negro (eso sí, eran los noventa, no los sesenta) mientras mi abuela tenía el bonito televisor a color en su habitación. Recuerdo haber escuchado a Phil Rizzuto, Tom Seaver y Bobby Murcer narrar juegos en WPIX 11. Temía cuando terminaba el juego porque generalmente alrededor de las 10 u 11 p.m., era hora de dormir. Nunca quise irme a dormir.

Estaba sola todas las noches de 7 a 10 p.m., pero cuando llegó la hora de dormir, tenía tanto miedo porque el apartamento En la casa de al lado había una anciana llamada Mrs. Jones, y dejaba a su hijo fuera del apartamento porque era un adicto al crack. Recuerdo como si fuera ayer. Yo estaba profundamente dormido, y él golpeaba la puerta desde las 12 a.m. o la 1 a.m. hasta el amanecer a veces... ¡Todo lo que escuchaba era *bang, bang, bang!* "¡Déjame entrar, mamá! Déjame entrar. Te voy a matar. ¡Te lo digo, te voy a matar!"

Una vez pateó la puerta, rompió la cadena que la protegía y comenzó a golpear a la pobre señora Jones. Escuché a esa pobre señora gritar, recibiendo una paliza tras otra, y todo lo que pude hacer fue quedarme en el sofá cama, temblando de miedo y cubierto con mi manta sobre mi cabeza. Si intentara ir a la habitación de mi abuela, ¡lo escucharía o lo entendería!

Recuerdo las lágrimas que corrían por mis ojos algunas noches. También recuerdo que tenía que levantarme temprano para tomar el autobús escolar amarillo, y algunas mañanas, estaba demasiado cansada ya que acababa de quedarme dormida alrededor de las 3 a.m. Algunas mañanas me despertaba y tenía que entrar en el

Allí, en el suelo del pasillo, estaba el hijo de la señora Jones, acostado y durmiendo frente a la puerta de su madre.

Estaba aterrorizada tratando de pasar de puntillas por encima de él y llegar al ascensor.

Esas fueron noches que nunca olvidaría. No tenía a mi mamá ni a mi papá para abrazarlos o decirles lo que estaba pasando. ¡Llamo a estos días pesadillas en la casa de mi abuela! Todavía recuerdo sus sofás amarillos cubiertos de plástico (eran muy pegajosos para dormir), las lámparas que eventualmente rompía a cada lado de los sofás y el gran televisor viejo en blanco y negro. Hubiera dado cualquier cosa por mis padres para abrazarme en esas noches.

Esas mañanas me levantaba muy cansada y tenía que estar en la escuela todo el día, y después de tomar el autobús amarillo para ir y volver de la escuela, me pasaba factura. Mi comportamiento en el autobús o en la escuela era pobre. Me peleaba con otros estudiantes. Nunca acosé a nadie, pero siempre tuve una postura defensiva. Si alguien quería acercarse a mí, siempre estaba nerviosa.

Iba a casa después de la escuela a ver *Double Dare* en el canal cinco, ¿Dónde está Carmen Sandiego?, o *Video Music Box*. Solo quería relajarme, pero mi abuela estaba de mal humor, así que estaba nervioso en casa y comencé a portarme mal y a gritarle. ¡Las cosas se estaban poniendo mal!

Gritaba en voz alta: "¡Quiero a mi papá! ¡Te va a dar una paliza cuando se entere de cómo me tratas!" Ella decía: "Tu papá y tu mamá son perdedores. No se preocupan por ti. ¡Ni siquiera los menciones!"

Lloraba intensamente y temía que llegaran las 7 p.m., ya que todo comenzaría de nuevo: mi hermano y mi hermana se irían a la habitación con la abuela y yo me quedaría sola. Luego estaba mi tío (el hermano mayor de mi madre).

Me abstendré de usar su nombre. Recuerdo vívidamente que en los proyectos donde vivíamos, había mucha conmoción y actividad policial. En aquellos días, había policías de vivienda de la ciudad de Nueva York y oficiales de policía regulares de la ciudad de Nueva York. Había muchos policías e incluso un helicóptero sobrevolando nuestro alto proyecto de viviendas. Lo que no sabía era que había una cacería policial masiva de mi tío. Llamaron a nuestra puerta, pero no solo golpeando, casi rompiéndolo. ¿No adivinarías quién estaba durmiendo en el sofá amarillo al lado de la puerta? ¡Sí, yo! Todo lo que escuché fue: "¡Esta es la policía! Abre. Tenemos una orden de arresto contra (nombre de mi tío)".

Resultó que mi tío se estaba quedando allí, y derribaron esa puerta y se lo llevaron. Era una escena que un niño de siete años no debería haber visto. Parece como si mi tío fuera buscado por escapar de la cárcel. Al parecer, se escondía en casa de mi abuela. Lo transportaron de vuelta a la cárcel, y probablemente no lo vería hasta dentro de seis años más o menos.

Mi abuela tuvo que lidiar con muchas cosas. No culpo a su mal humor. Cuando miro hacia atrás ahora, me siento realmente mal, todos sus hijos estaban enganchados a las drogas y en la cárcel. Mi madre tenía dos hermanos mayores y un hermano menor, siendo ella la única niña. Todos ellos se entregaron a una larga vida de drogas y crimen. Mientras escribo este libro, uno de ellos tiene casi sesenta años y todavía está en la cárcel. Para mí, estas experiencias eran lo que yo llamo pesadillas en la casa de mi abuela.

LA CASA DE LOS HORRORES

¿**A**lguna vez has visto películas de terror? Aunque no las recomiendo, estas películas a menudo giran en torno a un villano o monstruo que busca matar y destruir a las personas. Ellos están llenos de locura y gritos.

Al crecer en el apartamento de mi abuela en los multifamiliares, me sentía como vivir en una casa de los horrores. Estaba constantemente lleno de pánico y nerviosismo porque algunos individuos muy peligrosos ocupaban el edificio. Para empeorar las cosas, había caos dentro de mi propio apartamento:

- No comíamos juntos.
- Había discusiones y discusiones constantes.
- Podía oír a mis vecinos peleando.

Realmente era una casa de horrores.

¿Cómo debe sentirse un hogar? La Palabra de Dios dice: «En tu casa, tu mujer será como una vid llena de fruto. Alrededor de tu mesa, tus hijos serán como olivos, recién llegados plantado. Así es para cualquiera que honre al Señor: ¡será bendecido!» (Salmos 128:3-4).

La imagen que se muestra aquí es que cuando honramos a Dios en nuestro hogar:

- La esposa/madre será fructífera.
- Los niños se reunirán en la mesa para alimentarse, brindándoles la oportunidad de pasar tiempo de calidad y comprender sus necesidades, preocupaciones y desarrollo.
- Al hacer estas cosas, preparamos a nuestros hijos para la vida adulta, plantándolos correctamente.

Entiendo que crecí en una casa de horrores, y es posible que hayas tenido una experiencia similar. Sin embargo, esto no significa que no podamos experimentar la hermosa imagen representada en el Salmo 128. Podemos empezar por honrar a Dios. Mientras que el diablo viene a traer destrucción, el Señor ha venido a darnos vida, vida en nuestros hogares, matrimonios, comunidades y dondequiera que vayamos.

Te dejo con estas palabras de despedida: Si quieres escapar de tu casa de los horrores, solo hay una cosa que hacer: ¡ten fe en el Señor Jesús y serás salvo! Esto se aplica a todos los que viven en su casa (Hechos 16:31).

CAPÍTULO 6

EL ARRESTO DE MI PADRE

Una tarde, estaba en una pizzería en la sección Soundview del Bronx en Morrison Ave. Recuerdo haber jugado un videojuego de arcade y ver a todos en la pizzería salir corriendo y gritar: "¡Guau! ¡Vaya!" Estaban gritando y reaccionando a un grupo de policías encubiertos de narcóticos que arrestaron y se llevaron a mi padre al suelo. Parece que mi papá se había estado "resistiendo" porque le estaban pegando bastante bien.

¿Qué puede hacer un niño pequeño cuando es testigo de cómo arrestan agresivamente a su padre? ¿Se espera que un niño pequeño esté expuesto a esto? Vi cómo lo maltrataban, lo magullaban y lo golpeaban, luego se lo llevaban esposado y lo metían dentro de la furgoneta. Después de ese día, probablemente no vi a mi papá durante unos dos o tres años. Fue arrestado por posesión de narcóticos con la intención de venderlos o distribuirlos.

Mi mamá y mi papá eran conocidos drogadictos, pero también eran conocidos como traficantes de drogas; ganaban dinero vendiendo drogas en la esquina de Morrison Ave. y Westchester Ave.

Ahora, con mi padre encarcelado, solo estaba mi madre en las calles, vendiendo drogas y drogándose, mientras que mi hermana mayor Brenda y mi hermano menor Carlos estaban solos con mi abuela a solo unas millas de distancia en los proyectos de Bronx River Ave.

Mientras mi papá estaba en la cárcel y mis hermanos y yo vivíamos con mi abuela, mi mamá corría salvajemente por las calles. Siempre la tuve en mi mente. Temía que algo malo le sucediera. Iba a la escuela preocupada y me preguntaba si estaba bien. Me quedaba despierto hasta tarde, con la esperanza de que volviera a la casa de mi abuela, pero no lo hacía.

Recuerdo que los fines de semana caminaba desde la calle 174 y la avenida Bronx River hasta Morrison y Soundview solo para ver si mi mamá estaba bien. Tenía que tener unos once o doce años. La buscaba por todas partes, y cuando la encontraba, actuaba como la adulta. Le gritaba y le decía: "¡Mamá, vámonos a casa! ¡Por favor, no te quedes aquí! ¡Estoy preocupado por ti!" Mi madre era tan adicta al crack que no le importaba. Estaba en pésimas condiciones. Tenía abscesos en los brazos, labios agrietados y ojos morados. Era una forma horrible de ver a tu madre.

Mi corazón no podía soportar verla así, tanto que en un fin de semana nunca regresé a la casa de mi abuela. Me quedé con mi mamá y literalmente viví y me quedé con ella en las calles durante semanas. Sí, no volví a la escuela. Estuve ausente durante la mayor parte de mi cuarto grado. Deja que eso se asimile... ¡Cuarto grado! Me quedaría donde estuviera mi madre. La veía entrar en los parques y en los coches de otras personas y encender pipas de crack, inyectarse agujas y beber. Yo era, literalmente, su sombra. No la perdería de vista. Vi cosas que no tenía por qué ver.

Cuando mi mamá vendía drogas, había momentos en que me las pedía para que si venía la policía, nunca se las encontraran. La vi repartir las tapas azules, rojas y amarillas (frascos de crack). La vi cocinar el crack, preparar las bolsas y llenar los frascos. Sabía para qué servían los nombres en clave cuando los policías estaban cerca y querían señalárselo a los otros traficantes de drogas: frases y refranes como "5-0" (supongo que del programa de detectives *Hawaii Five-0*), y términos en español como "*va bajando*". En lugar de estar en un salón de clases recibiendo una educación, estaba en las calles recibiendo una orientación sobre el gueto. Las calles me estaban levantando. Si un niño normal quiere un regalo, simplemente se lo pide a sus padres.

En mi caso, si quisiera una Nintendo Gameboy, le pediría a mi y ella decía: "Dame una hora o dos. Déjame vender este alijo o ver si alguien viene con una Gameboy que robó, y te la conseguiré". A menudo, mi madre siempre venía y me compraba cadenas, zapatillas y Nintendo Gameboy directamente de las calles. Quizás te preguntes, ¿es esto algo que un niño pequeño que aún no ha llegado a la preadolescencia debería vivir y aprender? Creo que mi mamá hacía estas cosas para que yo la dejara en paz o no la siguiera tanto.

DEVOCIONAL

LA VIDA TE EMPUJA
CON FUERZA

A veces la vida puede ser dura y brutal. Comparo la vida con un matón que te empuja constantemente hasta que te has ya tuve suficiente. ¿Alguna vez has sentido que la vida no ha sido amable contigo?

Algunas experiencias comunes incluyen:

- La muerte prematura o inesperada de un ser querido
- Traición por parte de los que más querías
- Una serie de malas experiencias en las que parece que no puedes tomar un descanso

Entiendo ese sentimiento. Yo también quería ser un niño normal, jugar al fútbol y volver a casa con una madre sonriente después de la escuela. En cambio, fui testigo del arresto de mi padre, de los abusos de mi madre y de los reveses de mis hermanos debido al consumo de drogas de nuestros padres. La vida nos empujaba y nos golpeaba como dos ojos morados y costillas rotas hasta que tuvimos suficiente.

Esto es lo que dice la Palabra de Dios: *"Fui empujado hacia atrás y estuve a punto de caer, pero el Señor me ayudó. 7 Jehová es mi fortaleza y mi defensa; él se ha convertido en mi salvación"* (Salmo 118:13-14 NVI).

El hecho de que la vida siga empujándonos y tratándonos como un saco de boxeo, no significa que tengamos que acostarnos y aceptarlo. Tenemos que llegar a un punto en el que nos cansemos de vivir de esa manera. Hay esperanza y hay luz al final del túnel. Mi familia y yo fuimos presionados mucho, pero el Señor nos ayudó y nos defendió.

Les dejo con estas palabras de despedida: *"7e El Señor sostiene a todos los que caen, endereza a todos los que se encorvan"* (Salmo 145:14 LBLA).

No tienes que quedarte agachado en el suelo. Hay alguien esperándote con una mano extendida. ¡Tu familia puede superar esto! No dejes que la vida te siga empujando. ¡Levántate y levántate por encima de él!

CAPÍTULO 7

◆◆◆

MAMÁ SIENDO ARRASTRADA

Una noche, en la misma calle en la que mi padre había sido arrestado unos años antes, vi lo que parecía ser un motín. Volaban botellas y se lanzaban cubos de basura incendiados contra un coche; piedras, murciélagos, lo que sea, y se usó para detener un automóvil azul de tamaño mediano. ¿Por qué la gente se amotinó contra este coche? Este coche estaba literalmente arrastrando a mi madre, que estaba colgada del lado del conductor. A mi mamá la arrastraban por lo menos cien pies. Ella estaba gritando. Todo el mundo gritaba, y yo corría detrás del coche tratando de alcanzarlo para ver qué estaba pasando.

Finalmente, el auto aceleró y ella permaneció en medio de la calle con quemaduras graves en las piernas, los brazos y el costado de la cara. Estaba mortificado, molesto y enojado. A esa edad, no debería haber estado expuesto a eso. Se suponía que los sentimientos que tenía no debían ser experimentados por un niño pequeño de mi edad. ¡Afortunadamente, sobrevivió a eso!

Te preguntarás, ¿por qué fue arrastrada por un coche? Bueno, hay una canción de un conocido rapero que ahora está muerto llamada The Notorious B.I.G. o Biggie Smalls. Esa canción se llamaba "Los Diez Mandamientos del Crack", y uno de los mandamientos de esa canción decía algo así: "Nunca te coloques con tu propio suministro". Eso fue lo que hizo mi madre. Tomó el crack de un conocido traficante de drogas y, en lugar de venderlo, se lo fumó todo. Cuando llegó el momento de entregar el dinero de su día de venta de drogas, no tenía ninguno. Supongo que eso no hizo feliz a algunas personas, y por eso la arrastraron. Mi mamá tuvo que esconderse un tiempo porque la estaban buscando.

Hubo otra ocasión en la que había entrado en una tienda y uno de los traficantes de drogas a los que debía dinero la siguió hasta la bodega. La empujó contra un refrigerador y comenzó a golpearla varias veces como a un hombre. Yo estaba justo detrás de ella. Abrí la puerta de un refrigerador, saqué una botella de Snapple, la rompí y me aferré a la perilla o parte superior, actuando como si fuera a cortar al tipo. Hice esto para distraerlo y que mi mamá pudiera salir corriendo de la tienda. Este hombre me quitó la botella e intentó cortarme la cara, pero rápidamente levanté la mano izquierda y me abrió la muñeca. Luego me dio una palmada en la cara y me estrelló la cabeza contra un refrigerador de vidrio. Abriéndome la parte posterior de la cabeza. Mi mamá se escapó y los dueños de la tienda me quitaron al tipo de encima y lo sacaron de la tienda. Todo lo que puedo recordar es que me llevaron en una ambulancia y luego en el hospital conociendo a mi madre.

Recibí catorce puntos de sutura en la muñeca izquierda y algunos puntos de mariposa en la cabeza. Hasta el día de hoy, miro ambas cicatrices y recuerdo la cobertura divina de Dios. Mi cara debería haber sido marcada y mi cabeza debería haber sido abierta aún más, pero Dios tenía su mano sobre mí. Hoy, cuando me corto el pelo, se puede ver claramente la cicatriz en mi cabeza, pero me recuerda cómo recibí los golpes para mi mamá.

•◆•

ARRASTRADO A TRAVÉS DEL BARRO

Hay un viejo dicho que dice: "Estoy siendo arrastrado por el lodo". Este refrán implica que cuando alguien arrastra están difundiendo rumores negativos e intentando empañar su reputación. Desafortunadamente, esta era la realidad en mi vida y en la de mi familia. Cada vez que iba a la escuela, tenía que soportar el ridículo y las burlas porque la reputación de mi madre estaba *siendo arrastrada por el barro*. Seamos honestos, ella jugó un papel importante en ello, ya que su reputación como drogadicta y endemonida era bien conocida. Tuve que lidiar con comentarios como: "¿No es tu madre la señora de la esquina que pide dinero?" o "A tu madre la vieron haciendo cosas cuestionables". Estas situaciones me hicieron meterme en peleas en la escuela mientras trataba de defender su honor y reputación.

Además de ser arrastrada figurativamente por el barro, mi madre fue arrastrada físicamente muchos metros desde un coche debido a su asociación con individuos peligrosos. Este incidente se convirtió en la comidilla de la ciudad, y la gente me miraba y sacudía la cabeza, probablemente por lástima.

Esto es lo que nos hace el diablo, nos arrastra por el lodo. Su deseo es arruinar nuestras vidas, nuestra felicidad y nuestra reputación. Sin embargo, la Palabra de Dios dice: *"Él restaura mi alma; Él me guía por sendas de justicia por amor de su nombre"* (Salmo 23:3).

Cuando nos rendimos completamente a Dios y le servimos, Él no solo restaura nuestro nombre y nuestras acciones pasadas, sino que también restaura nuestras almas y pone nuestras vidas en un camino completamente nuevo. Él hace esto para que Su nombre pueda ser glorificado, llevándose todo el crédito.

Dios ha restaurado a mi madre a tal punto que si la vieras hoy, nunca creerías que alguna vez estuvo involucrada con drogas duras y fue arrastrada por el lodo. Todavía se habla de ella en el pueblo, pero ahora es por el amor que tiene por Dios, sus hijos y sus nietos. Deberías ver lo bien que mima a mis hijos. Algunas personas nunca sabrán que Dios restauró su reputación.

Les dejo con estas palabras de despedida: *"Ustedes tenían la intención de hacerme daño, pero Dios lo dispuso para bien, para lograr lo que ahora se está haciendo, la salvación de muchas vidas"* (Génesis 50:20 NVI).

No te dejes arrastrar por el barro. No dejes que las manchas del pasado y la mala reputación te impidan vivir tu futuro y cumplir tu propósito.

_____

_____

_____

_____

_____

_____

_____

_____

_____

ORACIONES CONTESTADAS

CAPÍTULO 8

◆◆◆

DEL PADRE
EXCARCELACIÓN
DE LA CÁRCEL

Después de no asistir a la escuela durante varios meses y casi perder todo el cuarto grado simplemente porque quería para estar cerca de mi madre, había llegado el momento de volver a la casa de mi abuela. De alguna manera, la oficina de absentismo escolar se aseguró de que yo regresara y de que mi abuela tuviera la tutela sobre mí.

Cuando regresé a los proyectos del Bronx River, pasé varios años sin ver a mi madre. Recuerden, mi padre estaba encarcelado, y ahora mi madre estaba en las calles de Nueva York, sin pensar en sus hijos. Mi abuela trató de criarme lo mejor que pudo, pero estoy segura de que fue difícil criar a dos niños con necesidades especiales y un niño hiperactivo (esa soy yo). Afortunadamente, ella nos enviaba a la iglesia, y yo me involucraba y permanecía activo durante bastante tiempo.

Fue allí donde aprendí a orar por la condición en la que se encontraban mis padres. Deseaba una familia normal. Veía a la mayoría de la gente con sus madres y padres, pero yo no tenía eso. Recuerdo varios Días de la Madre cuando el pastor de la iglesia les pedía a los niños que fueran a abrazar a sus mamás y oraran por ellos o les llevaran una flor, pero yo no podía

Experimenta eso. Siempre había señoras o abuelas agradables que se acercaban a nosotros y nos abrazaban. Mis lágrimas brotaban y se desarrollaban en mí sentimientos de rebelión. No quería los abrazos de lástima. Este fue un momento extremadamente difícil para mis hermanos y para mí. Anhelábamos y nos moríamos de hambre por el amor de una familia fuerte y normal.

Una temporada de Navidad, mis oraciones estaban a punto de ser contestadas. Recuerden, yo oré en una pequeña iglesia varios años antes para que si Dios fuera real, no me dejara ir a un hogar de acogida y ser separada de mi familia. También oré para que Dios sanara a mi madre y a mi padre del alcoholismo y las drogas. Le dije que si él hacía esto por mí, le contaría al mundo quién era Dios. Bueno, la primera oración fue contestada. Mi abuela había cancelado la cita en el hogar de acogida, pero eso fue todo. Mis padres seguían drogados y fuera de nuestras vidas. Así que, aquí estábamos. Papá estuvo encarcelado durante bastante tiempo y mi mamá no había estado en contacto con nosotros durante mucho tiempo. Mis hermanos y yo éramos prácticamente huérfanos. Mi pobre abuela estaba estresada y molesta con mis padres por habernos abandonado.

Sin embargo, recuerdo que fue alrededor de la temporada navideña. Estaba en casa de mi abuela cuando escuché un fuerte golpe en la puerta del apartamento. Yo, que era el entrometido que siempre abría la puerta, me subí a una silla y miré por la mirilla. Me quedé impactado, totalmente asombrado por lo que mis ojos estaban viendo a través de la mirilla. Era mi papá con una gabardina larga y oscura y cargando cajas de Navidad envueltas. Salté de la silla y le grité a mi abuela: "La puerta, la puerta; ¡Es mi papá!"

No estaba muy contenta. Corrí hacia la puerta y la abrí rápidamente, y allí estaba él. Me abrazó y me besó y me dio una caja envuelta. Mi hermano y mi hermana salieron, y mientras él nos saludaba, mi abuela, visiblemente molesta, dijo: "¿Qué haces aquí?"

Dijo: "He venido a ver a mis hijos. No peleemos...".

Iba y venía con él durante un rato. Estas fueron las palabras que me acompañan hasta el día de hoy; le dijo a mi abuela: "Acabo de salir de la cárcel y acepté a Jesús mientras estaba allí. He decidido dar un giro a mi vida".

Mi abuela lo contradijo y dijo: "Eso es lo que todo el mundo dice cuando está en la cárcel. ¡Todos se encuentran con Jesús!». Dijo: «Lo hice, y no solo eso, sino que también vengo a tomar la custodia total de mis hijos. Voy a criarlos sabiendo acerca de Dios».

Mi abuela gritó: "¡Sí, claro!" y le cerró la puerta en la cara.

DEVOCIONAL

◆◆

SOLO GRITA

¿Cómo se comunica un bebé recién nacido? Así es, lloran. Lloran cuando tienen hambre, están cansados, enfermos o necesidad de un cambio de pañal. Los niños son bien conocidos por llorar y, si no se atienden, puede ser bastante molesto para nuestros oídos. Entonces, ¿qué hacen los buenos padres? Atienden las necesidades de sus hijos para calmar sus llantos.

Muchos de nosotros estamos clamando hoy. Clamamos por amor, afecto, sentido de pertenencia y por nuestras familias. Lo sé porque yo también he estado llorando desde que tenía ocho años. Clamé por padres amorosos, una familia normal y paz mental. Honestamente, me sentí como un bebé llorando desatendido durante mucho tiempo hasta que descubrí cómo clamar a Dios.

La Palabra de Dios dice: *"Yo no era nadie, pero oré, y el Señor me salvó de todas mis angustias"* (Salmo 34:6). Otras versiones de este pasaje dicen: "Grité". Ya ves, gritando a Dios es otra forma de decir que le oramos. Cuando oramos a Dios, Él no es como nuestros padres terrenales; Él atiende a sus hijos rápidamente. Clamar a Dios es como encender una alarma o un monitor de bebé en el cielo. El cielo detiene lo que está haciendo por ti y por mí.

Recuerdo haber llorado (orado) a Dios, pidiéndole que cambiara y salvara a mi familia. Le rogué que transformara el estilo de vida de drogas y prisión de mi padre y sanara a mi madre de su adicción. Y debido a que clamé, nadie recibió una oración contestada.

Os dejo con estas palabras de despedida: Nunca pienses que eres demasiado grande para clamar a tu Padre celestial. Cada vez que te encuentres con la palabra *llorar* en la Biblia, también significa "orar". Cuando clamas, Dios se detiene y escucha, solo para ti.

"Pero el Señor dice: 'Porque los pobres están
oprimidos, por los gemidos de los necesitados,
ahora me levanto . Les proporcionaré la ayuda
que están esperando'".
(Salmo 12:5).

IF YOU ONLY KNEW

CAPÍTULO 9

◆

EL CAMINAR DE MI PAPÁ CON EL SEÑOR

O durante las siguientes semanas y meses, mi padre siguió apareciendo fielmente en la casa. Nos recogía y llévanos a la iglesia. Era nuevo en su forma de caminar. Incluso vivió en un programa de rehabilitación de drogas llamado Way-Out Ministries en Willis Ave. y 148th Street. No tenía dónde quedarse, pero viviría en este centro de rehabilitación hasta que se acercara más a Dios y comenzara a organizar su vida.

Las cosas que se me quedan grabadas son momentos como cuando mi papá me recogió un día y me llevó a su servicio religioso en el lugar de rehabilitación. Después, me llevaba a buscar pan caliente o un bocadillo y luego regresaba a su pequeña habitación. Él se arrodillaba, me hacía arrodillarme con él, y me decía: "Reza lo que yo rece".

Mientras escribo esto, las lágrimas corren por mi rostro porque, mirando hacia atrás ahora, veo que la oración siempre funciona. Mi papá empezó a orar; él dijo: "Dios, devuélveme a mi familia. Ayúdame a enmendar todos los errores que cometí. Mira a mi hijo aquí; Bendícelo, sepáralo y no dejes que se parezca en nada a mí. Úsalo; llévalo al mundo para que predique tu Palabra". Él oraba por mí mientras cerraba los ojos, y me decía: "Sepárale una buena esposa, y deja que sea un hombre de familia y un adorador. Oraba por la sanidad de mi hermano y mi hermana y le pedía a Dios que lo perdonara porque estaban sufriendo debido a su adicción a las drogas y a la de mi madre.

Puedo decirles con firmeza que poco a poco, mi padre se fue haciendo cada vez más fuerte en su caminar con Dios. El "barrio" (comunidad que lo conocía) no podía creerlo. Su familia no lo podía creer. Era un hombre completo, consiguió su propia pequeña habitación, salió del centro de rehabilitación y empezó a trabajar. Siempre estaba en la iglesia y dejó de fumar y beber. Usaba un traje todos los días, ¡incluso cuando no había iglesia!

Debido a la vida anterior de mi padre, era muy conocido en la comunidad. Era conocido por todas las cosas malas, los enfrentamientos, las fiestas y la violencia. Así que cuando cambiaba, la gente literalmente venía a verlo. Ofrecía oraciones a los que venían a verlo, y la gente entregaba sus vidas a Cristo. Estaban cayendo en las calles. Este fue un completo milagro, una oración contestada. A medida que mi padre crecía en su caminar, dio un gran paso en su vida, y fue cumplir lo que le había dicho a mi abuela esa noche que salió de prisión: obtener la custodia total de mis hermanos y de mí en la corte.

DEVOCIONAL

•◆•

LIMPIA EL VIRUS

Imagina que tienes una computadora MacBook, y cuando la enciendes, la pantalla está en blanco o no responde a tu comandos. ¿Qué harías tú? La solución obvia sería llevarlo a un técnico informático que pueda evaluar el problema. Lo más probable es que el técnico lo diagnostique como un virus que ha dañado el software operativo. La solución sería limpiar el virus e instalar un nuevo software operativo, haciendo que la computadora funcione como nueva. Sin embargo, este proceso resultaría en la pérdida de todo lo que estaba anteriormente en la computadora, ya que tendría que limpiarse y comenzar de nuevo.

Este mismo escenario se aplicó a mi padre. Era un hombre problemático que luchaba contra las drogas, el alcohol y descuidaba a su familia. Mi papá entraba y salía de la cárcel, y sometió a mi madre a abuso doméstico de la peor manera.

No creo que mi padre, ni ninguno de nosotros, hayamos sido diseñados o creados para actuar de manera tan imprudente. Fuimos creados para la grandeza, pero a veces nos contagiamos de un virus llamado pecado. Lo que pasó con mi padre es nada menos que notable. Tuvo que acudir al técnico supremo, Jesucristo, quien le diagnosticó el "virus" del pecado. Necesitaba para ser completamente "reprogramado" y limpiado.

La Palabra de Dios dice: *"No os conforméis al modelo de este mundo, sino transformaos por medio de la renovación de vuestro entendimiento. 7 Podrás probar y aprobar cuál es la voluntad de Dios, su voluntad buena, agradable y perfecta"* (Romanos 12:2 NVI). Una vez que la mente de mi padre fue renovada y reprogramada, salió de la cárcel como un hombre cambiado.

Estos son los cambios notables que experimentó mi padre:

- Asumió la responsabilidad de sus acciones pasadas y aceptó que Cristo lo redimió.

- Obtuvo la custodia total de mis dos hermanos y de mí.

- Comenzó a asistir a la iglesia con nosotros.

- Pasó de ser un ladrón a ayudar a los pobres.

- Pasó de estar en la cárcel a predicar a los presos. Esta transformación no se limita solo a mi padre.

Se aplica a cada uno de nosotros. No tenemos que seguir siendo como somos. Podemos ir al técnico supremo, Dios, y Él borrará nuestro comportamiento pecaminoso. Dios ya ha provisto a Su Hijo, Jesús, para limpiarnos de este virus.

Les dejo con estas palabras de despedida: *"Pero si vivimos en la luz, como Dios está en la luz, entonces tenemos comunión unos con otros, y la sangre de Jesús, su Hijo, nos limpia de todo pecado"* (1 Juan 1:7 NTV). Si buscamos una relación con Dios y nos volvemos a Él cuando estamos infectados con el pecado, Él nos limpiará con la sangre de Jesús.

Dejemos que nuestras mentes sean renovadas y transformadas por Dios.

CAPÍTULO 10

◆◆◆

FECHA DE AUDIENCIA PARA LA CUSTODIA

V arios meses después, hubo una audiencia en la corte cuando mi padre fue a la corte para luchar por la custodia total de mis hermanos y de mí. Este fue el comienzo de una oración contestada. Mi padre ahora estaba limpio y asumiendo la responsabilidad de su vida y de sus hijos.

De alguna manera, mi abuela se puso en contacto con mi madre, que había estado desaparecida durante meses, y le dijo que iba a perder a sus hijos. Le aconsejó que se presentara en la corte y que al menos intentara luchar por nosotros. Para nuestra sorpresa, mi madre sí apareció.

Cuando llegó el momento de comparecer ante el juez, mi padre declaró que estaba allí para obtener la custodia total de sus tres hijos. Mi madre estaba allí, y argumentó que estaba en el proceso de rehacer su vida y que su madre (mi abuela) la estaba ayudando a criar a los niños.

Ahora, mi papá no sabía demasiado inglés. Necesitaba un traductor. Entonces, cuando el juez le dijo (estoy parafraseando): "Ahora, usted sabe que tiene una carpeta ancha y un grandes antecedentes penales. ¿Estás pidiendo la custodia de estos niños y crees que eres apto?"

Mi papá hizo algo muy diferente. Cuando traduje lo que el juez le había preguntado, me dijo: "Oh, dile a él que ese era yo. Ya no soy ese hombre, y dile que Jehová es mi pastor y nada me faltará." Entonces, le traduje al juez lo que dijo (¿estás listo para esto?): "Dile que fui yo. Yo ya no soy ese hombre, y dile que el Señor es mi pastor, y que no me faltará nada". Sí, el Salmo 23, y con una actitud, lo dijo.

El juez lo miró fijamente, se quedó callado por un breve segundo y luego dijo: "Está bien, le estoy otorgando la custodia total de sus hijos. Sé responsable y haz lo que te has propuesto hacer. Buena suerte". Le vi la cara cuando se lo dije. No se lo esperaba. ¿Sabes a quién más miré la cara? Mi madre es porque ella tampoco se lo esperaba. Nos besó y salió, luciendo bastante decepcionada. Después de ese día, pasarían varios años antes de que volviera a ver a mi madre.

Mi padre inmediatamente comenzó a buscar un apartamento. Ni siquiera esperaba este milagro. Estaba a punto de ser un padre responsable. ¡Su oración de "Dios, devuélveme a mi familia" fue contestada! Vi cómo mi padre nos sacó rápidamente de los proyectos y nos mudó a una casa particular. Cocinaba y limpiado para nosotros. Empezó a enseñarle a cocinar a mi hermana mayor. Aprendió a lidiar con las necesidades especiales de mi hermano. Llevaba a mi hermano a terapia del habla y a citas especiales. Nunca dejaba de llevarnos a la iglesia durante la semana y los fines de semana; Si había un servicio, estábamos allí. Dentro de mí, pude decir que Dios no solo respondió a la oración de mi padre de "devuélveme a mi familia", sino que también respondió a la oración de este niño de ocho años y salvó a mi padre.

Sin embargo, solo tenía un hogar algo cristiano. Faltaba una cosa, y era mi mamá. Muchos en nuestra familia pensaron que había muerto, ya que no habíamos sabido ni visto de ella en años. Íbamos a buscarla a la cuadra donde normalmente pasaba el rato y se drogaba, pero no la encontrábamos. Mi abuela, que ahora estaba muy enferma, no tenía ni idea. Sus hermanos no tenían ni idea. Francamente, pensábamos que estaba muerta, y era cuestión de tiempo antes de que nos notificaran que había muerto o que había sufrido una sobredosis.

DEVOCIONAL

·◆·

LIBRA TUS PROPIAS BATALLAS

Recuerdo estar en la escuela y encontrarme en situaciones en las que los desacuerdos y las peleas surgiría. En esos momentos, a menudo buscaba la ayuda de mis amigos para oponerme a los que me causaban problemas. Sin embargo, también hubo momentos en los que escuché la expresión: "Pelea tus propias batallas". ¿Recuerdas haber escuchado eso también?

Con frecuencia me recordaban que debía asumir la responsabilidad de mis propios desafíos y no depender de otros para resolver mis problemas. Si hacía un desastre, era mi responsabilidad limpiarlo.

Cuando mi papá tomó la decisión de dar un giro a su vida y actuar con responsabilidad, se enfrentó a una tremenda batalla. Buscó la custodia total de mis dos hermanos con necesidades especiales y de mí. Desafortunadamente, las probabilidades estaban en su contra. A lo largo de su vida, había sido un agresor violento, había luchado contra la adicción al alcohol y las drogas, y tenía antecedentes penales. Parecía una batalla imposible, y no había nadie a quien pudiera reclutar Ayúdalo. Era una reminiscencia de esos días de escuela cuando me decían: "Estás sola con este; peleen sus propias batallas".

¿Alguna vez has experimentado una sensación similar? Cuando necesitas desesperadamente apoyo y alguien que esté a tu lado, pero parece que te están diciendo que luches tus propias batallas.

La Palabra de Dios nos dice: "El Señor peleará por ti; solo tienes que estar quieto" (Éxodo 14:14 NVI). Cuando todo el mundo le dio la espalda a mi padre, y él se encontró sin nadie que lo representara en la sala del tribunal mientras luchaba por la custodia, Dios apareció como su abogado y peleó sus batallas por él.

Estas son las cosas increíbles que se desarrollaron:

– A pesar de su pasado problemático, se le concedió la custodia total.

– El juez admitió que no sabía por qué creía que mi padre había cambiado, pero decidió darle el beneficio de la duda.

– A pesar de que mi padre no tenía un apartamento listo para que viviéramos y carecía de recursos económicos, el juez declaró: "Usted tiene la custodia completa. Caso cerrado. Batalla por encima".

Os dejo con estas palabras de despedida: *"Ni siquiera tendrás que luchar. Solo toma tus posiciones y observa cómo el Señor te rescata de tu enemigo. No tengas miedo. Solo haz lo que te digan. Y cuando salgáis mañana, el Señor estará allí con vosotros"* (2 Crón. 20:17).

La próxima vez que las probabilidades parezcan insuperables, recuerde quedarse callado y dejar que Dios luche por usted porque Él es el que pelea nuestras batallas.

_____

_____

_____

_____

_____

_____

CAPÍTULO 11

◆

LA VISITA A LA CÁRCEL

Pasaron las orejas y pensarías que este es un gran final. Dios es fiel, amén. Papá se salvó, el niño crece, Y eso es todo. Sin embargo, hay más. Verás, mi papá y mi mamá nunca volvieron a estar juntos, pero él siempre me enseñó a seguir orando por ella. Ahora, yo estaba en mi adolescencia y estaba molesta con mi madre por no estar ahí para nosotros la mayor parte de nuestras vidas, por no asistir a mis funciones escolares o graduaciones. Sin embargo, mi padre continuó mostrándome amor y misericordia por medio de las Escrituras.

Comencé a predicar en muchas iglesias locales en el Bronx, y todos querían que compartiera mi experiencia de cómo Dios salvó a mi padre y le devolvió a su familia. Muchos estaban asombrados y querían que compartiera esa historia y ese sermón.

Un día, una señora de nuestra iglesia llamada Juana, que estaba a cargo del ministerio de prisiones, pensó que sería una gran idea que yo fuera oradora invitada en un centro correccional para mujeres en el norte del estado de Nueva York. Yo era menor de edad, así que tuve que dar muchos pasos para obtener mi autorización. Una vez que todo estuvo listo, mi padre y un grupo de la iglesia hicieron arreglos para salir ese sábado por la mañana a visitar el centro correccional de mujeres.

Me registraron y comenzamos a predicar y a contar mi historia de cómo Dios salvó a mi padre y cómo Dios había sanado a mi hermano de los impedimentos del habla. Luego cerré mi sesión de oratoria con un llamado a la oración. Le pregunté si había alguna mujer allí que necesitara oración y creyera que Dios podía restaurar a su familia como lo hizo conmigo, y luego que subiera porque iba a orar personalmente por ellas.

Sé que esto puede sonar demasiado dramático, pero prometo a todos los que lean esto que no estoy agregando ni quitando de esto. Te lo doy tal y como sucedió. Para mi asombro, cuando les pedí a esas mujeres que subieran a orar, aquí venía mi madre, llorando y empujando a las damas fuera del camino. Mis ojos se abrieron de par en par. Mi papá solo me miró en estado de shock. ¡Pensábamos que estaba muerta!

Cuando se acercó a mí con todas las lágrimas y la emoción, los oficiales intentaron separarnos, pero yo dije: "Esa es mi mamá; ¡Esa es mi mamá!'". Todos, incluidos los oficiales y la gente de la iglesia que estaba conmigo, comenzaron a llorar y a abrazarse. Fue un momento surrealista. ¡Te prometo que podría escribir un libro sobre esto! (Espera, creo que ahí es donde estamos).

Después de ese día, no tuve ninguna duda de que Dios era real y que tenía planes importantes en mi vida y en la vida de mi familia. Cuando salimos de esa prisión, mi mamá y nuestra familia volvieron a establecer comunicación. Pronto saldría de la cárcel y viviría con nosotros por un tiempo, pero solo hasta que volviera a sus viejas costumbres y desapareciera de nuevo a las calles y a la vida de las drogas.

DEVOCIONAL

CUANDO USTED LO MENOS ESPERES

Imagine, un niño pequeño que sueña con recibir algún día el juguete o el sistema de juego que siempre ha querido. El niño lo ha deseado, ha rezado por ello y ha dejado caer sutiles indirectas a sus padres. Sin embargo, parece que ninguna de sus insinuaciones, oraciones o deseos ha funcionado, ya que aún no han recibido el artículo codiciado.

La vida puede ser así a veces. Deseamos las vacaciones de nuestros sueños o esa familia o cónyuge perfecto. Deseamos y rezamos y trabajamos duro para lograr ese ascenso en el trabajo. Sin embargo, las cosas no siempre salen según lo planeado. Puede parecer que nuestros gritos caen en oídos sordos y que nos ignoran. Esto puede ser increíblemente frustrante, lo que lleva a una pérdida de confianza, esperanza e incluso fe en Dios.

Les puedo asegurar que he estado allí. Yo era ese niño que esperaba y soñaba que algo bueno sucediera una vez y para todos. Estaba cansada de la serie de eventos negativos que sucedían en mi familia. Había estado orando, creyendo y esperando un milagro desde que tenía ocho años. Durante años anhelé una familia normal y un hogar decente, pero parecía que Dios estaba demasiado ocupado o no estaba interesado en conceder mi petición.

Lo que he llegado a entender acerca de Dios y de la vida que vivimos aquí en la tierra es que "Dios nunca llega a tiempo ni tarde". Llega en el momento justo. La Palabra de Dios nos dice: *"Ponedlo por escrito, porque aún no es tiempo de que se haga realidad. Pero el tiempo está llegando rápidamente, y lo que les muestro se hará realidad. Puede parecer lento en llegar, pero espéralo; ciertamente se llevará a cabo, y no se demorará"* (Hab. 2:3 NVI).

¿No es increíble? ¿Cómo crees que se sentirá ese niño que ha estado esperando el juguete o sistema de juego de sus sueños una vez que finalmente reciba ese codiciado regalo? Después de todos los deseos, oraciones e insinuaciones sutiles, finalmente ha llegado el día para que disfruten de lo que han estado orando.

Cuando mi madre caminó por ese pasillo en la cafetería de la prisión, mis ojos vieron por lo que había estado orando. Estaba completamente conmocionada, pero estaba lista para abrazar y disfrutar el regalo que Dios me dio en su gracia: mi madre entregando su corazón al Señor. Cuando menos lo esperaba, Dios honró mis oraciones.

Os dejo con estas palabras de despedida: *"Esperad al Señor; esfuérzate, anímate y espera en el Señor"* (Salmo 27:14). Si Él lo hizo por mí, ¡también puede hacerlo por ti! Todo aquello por lo que has estado orando se cumplirá . . . cuando menos te lo esperas.

CAPÍTULO 12

◆◆◆

MI PRIMO: BENJI

Estoy agradecido por el primo de mi madre. Era más como un tío o una figura paterna. Creo que Dios realmente cuida de Sus hijos. Siempre me sentí huérfana, aunque en realidad no lo era. Nunca tuve esos momentos familiares que todo niño debería tener. Anhelaba jugar a la pelota con mi papá. Yo quería sentir el abrazo de mi mamá, pero no lo tenía. En mi vida, he experimentado la gracia de Dios y he visto cómo Él opera. Puede haber huérfanos e hijos a los que sus padres biológicos abandonaron, pero el Señor provee buenos hogares para ellos y padres que no podrían tener hijos.

Bueno, yo no fui adoptado, pero casi me apetecía porque el primo de mi madre venía a recogernos a la escuela dominical. Mi abuela llamaba a Benji (diminutivo de Benjamin) para que viniera a recogernos y nos llevara a la iglesia. Mi abuela no iba tanto a la iglesia en ese entonces porque estaba luchando contra muchas enfermedades. También quería alivio de tener que cuidaba a tres nietos todo el día, por lo que llamaba a su primo Benji y a su esposa Wanda.

¡Oh, los recuerdos! Íbamos a la escuela dominical por la mañana y veíamos películas de *Gospel Bill* y cantábamos junto con mi primo (que dirigía el ministerio de niños). Cantábamos canciones como "Father Abraham", "He's Got the Whole World in His Hands" y "Down by the Riverside". Después de una emocionante escuela dominical, nos íbamos a casa y luego regresábamos por la noche para el servicio evangelístico del domingo a las 6 p.m.

El primo Benji nunca nos llevó de vuelta a nuestra casa. Es casi como si estuviera pensando: "Esos niños no quieren volver a casa". Nos llevaba a su casa. Me encantaba ir a la casa de los primos Benji y Wanda. Se sentía como lo que debería ser un hogar. Tenía una habitación con una litera para sus hijas, y estaba llena de animales de peluche. Su casa olía tan bien; Olía como si hornearan pasteles allí todo el tiempo. Tenía una pecera increíble con peces que me dejaba sobrealimentar, y también la limpiábamos juntos. Comíamos juntos los domingos justo antes de prepararnos para volver a la iglesia.

He aquí por qué aprecio al primo Benji. Me mostró lo que eran los "modales en la mesa". Él decía: "Codos fuera de la mesa". Su esposa Wanda estaba justo detrás de él, diciendo:

"Come con un tenedor", y me decía que pusiera una servilleta en mi casa regazo. Estos momentos quedaron grabados en mi cabeza y archivados en mi banco de memoria. Deberían haber sido mi mamá y mi papá enseñándome a comer apropiadamente y mostrar buenos modales en la mesa, pero Dios siempre provee siervos para Sus hijos.

El primo Benji me compraba bonitas camisas y corbatas. Me dio mi primera Biblia y nos llevó a mi primo Nelson y a mí a mi primer partido de los Yankees (en el viejo estadio, por supuesto). Nunca olvidaré la experiencia. El primo Benji y Wanda me llevaron al partido, y ahí mismo, que ahora es un don nadie, pero para mí fue el mejor beisbolista de todos los tiempos, estaba Óscar Azócar. ¿Por qué fue el más grande? Me dio mi primera pelota firmada, y allí estaba el primo Benji, diciendo: "¡Oye, felicidades! Tienes una pelota". Mi primo Nelson me daba palmaditas en la espalda y mi prima Wanda decía: "¡Así se hace!". Recuerdo también contra quién jugaron los yanquis; jugaron contra los Indios de Cleveland.

Después de recibir el balón, mi primo pensó que probablemente ya habíamos tenido suficiente. Estaba cansado y los yanquis estaban perdiendo, así que decidió irse. Cuando salimos y nos preparamos para ir en el auto, escuchamos sonar una sirena, la multitud vitoreó y luego el locutor dijo: "¡Un jonrón para Hensley 'BamBam' Meulens!" Me decepcionó mucho. Bueno, me enamoré de los Yankees, pero odio dejar los juegos antes de tiempo.

Mi primo Benji fue un mentor. Él me enseñó la Palabra. Mostró pasión y me regaló las pequeñas cosas que todo niño pequeño desea en su familia. Ahora veo programas como Big Brothers Big Sisters y creo que ese es el papel que mi primo modeló para mí. ¿Sabes que hace poco me reuní con el bueno de mi primo Benji?

Los muchachos necesitan hombres en sus vidas para las cosas pequeñas: las experiencias del juego de pelota, las instrucciones de modales en la mesa y las increíbles lecciones bíblicas.

❖

SIGUIENTE HOMBRE

En 2019, los Yankees de Nueva York, conocidos como el mejor equipo de la MLB, tuvieron un año increíble. Fue un año lleno de remontadas y victorias notables. Ese equipo fue realmente especial de ver, y cada jugador contribuyó con algo significativo. Sin embargo, lo que hizo que la temporada 2019 fuera particularmente notable fue el hecho de que rompieron un récord. No fue el récord de jonrones ni la mayor cantidad de victorias en una temporada, sino el récord de la mayor cantidad de jugadores lesionados en un equipo de Grandes Ligas en la historia. Aproximadamente treinta Bombarderos del Bronx se encontraron en la lista de reservas lesionados, superando a la anterior récord de veintiséis en poder de los Dodgers de Los Ángeles.

¿Cómo lograron tener éxito? ¿Cómo tuvieron los Yankees una de las temporadas más emocionantes de su historia a pesar de las lesiones? Su mánager, Aaron Boone, lo atribuyó a la mentalidad de «Next Man Up». Cada vez que una superestrella de las Grandes Ligas se lesionaba, un jugador desconocido de las ligas menores intervenía y contribuía, llenando sin problemas el vacío dejado por el superestrella de alto precio. Esto sucedió treinta veces a lo largo de la temporada, y cada vez, el siguiente hombre mantuvo al equipo en marcha.

En mi propia vida, la persona que se suponía que era la figura de la superestrella (mi padre) no siempre estaba ahí para mí. Sin embargo, Dios siempre llamaba al "Siguiente Hombre" para que me ayudara a lograr las victorias que necesitaba. Experimenté el éxito cuando mi primo Benji y su esposa Wanda me introdujeron en los modales en la mesa, la etiqueta y la importancia de los valores familiares como cenar juntos.

Aunque mi padre físico no me haya mostrado muchas de estas cosas, era como si el entrenador en el cielo me estuviera mirando y diciendo: "Tendrás éxito, hijo mío. Voy a pedir al Próximo Hombre que te ayude. Realmente creo en lo que dice la Palabra de Dios: *"Padre de huérfanos, defensor de viudas, Dios que está en los cielos"* (Salmo 68:5).

Actualmente puede ser una madre soltera, un padre soltero, un niño que busca respuestas sobre por qué sus padres lo dieron en adopción, o un cónyuge viudo o divorciado que busca el significado de la vida, preguntándose por qué ha habido tantas pérdidas. Confía y espera en el Señor, porque Él tiene la última palabra. Os dejo con estas palabras de despedida: *"¡Sé fuerte! ¡No tengas miedo! No tengas miedo ni miedo de tus enemigos, porque El Señor tu Dios marcha contigo. Él no te defraudará, y no te abandonará" (Deuteronomio 31:6).*

¡Dios siempre te dará el poder para mantenerte erguido y lograr la victoria gracias al Próximo Hombre!

CAPÍTULO 13
◆
EMILIO NIEVES

Su padre vivió una vida muy dura; Tuvo un pasado difícil. Como ya has leído en los capítulos anteriores de este libro, mi papá se involucró en muchas actividades ilegales; Era alcohólico, drogadicto, violento y abusaba de mi madre a menudo. Dios tenía un plan para mi papá, pero mi papá simplemente no lo sabía. Verás, el Señor envió a un agente especial para alcanzar a mi familia, y me gustaría pensar que este agente especial celestial era un mensajero. Se llamaba Emilio Nieves.

Emilio pasaba en un autobús escolar amarillo, sí, un autobús escolar amarillo. Le tocaba la bocina a mi padre, que era el "súper" (superintendente) de un complejo de edificios en McClellan y River Ave. (sí, al lado del Yankee Stadium), mientras Emilio pasaba en el autobús escolar amarillo, tocaba la bocina y decía: "*Dios les bendiga*". Mi papá simplemente sonreía y saludaba, pero no se mantenía ninguna conversación.

Este hombre pasaba por nuestra casa casi todos los días hasta que un día le preguntó a mi papá si le gustaría ir a la iglesia con él, y mi papá dijo: "Está bien". Mi papá nos llevó a mis hermanos y a mí con él en este autobús amarillo. La iglesia era un apartamento, y cantaban coritos españoles (himnos de ritmo rápido). Solo fuimos una vez, pero recuerdo que Emilio Nieves nunca dejaba de pasar, tocando la bocina e invitándonos a la iglesia.

Un día, mi padre estaba muy borracho, y cuando Emilio pasó por allí, dijo: "Llévate a mis hijos. No puedo ir", y lo recuerdo como si fuera hoy; Me subí a ese autobús, pero estaba profundamente apenado y preocupado por mi padre. Me dolió verlo tan borracho. Sentí dolor a pesar de que era joven. ¿Por qué mi papá no podía ser normal como todos los demás? Estaba pensando en todo esto mientras estaba sentado en el autobús amarillo de la iglesia.

Cuando bajé del autobús de la iglesia, Emilio Nieves me miró directamente a los ojos y me dijo en español: "No temas porque Dios está contigo y tiene un plan para tu familia". Luego me miró, tomó su dedo índice, lo colocó en mi barbilla e inclinó mi cabeza hacia arriba en un gesto, diciendo: "Levanta tu cabeza". Cuando entramos en el servicio, me senté allí confundida, como, ¿cómo sabía él que estaba triste o preocupada por mi padre?

Cuando terminó el servicio de la iglesia, recuerdo que el hermano Emilio miró una chaqueta deportiva con cremallera que llevaba puesta, bajó la cremallera hasta la mitad y se dio cuenta de que no tenía camiseta ni camisa debajo de ella (había venido a la iglesia por capricho). Recuerden, mi papá le había dicho a Emilio que me llevara porque estaba demasiado borracho para ir, así que no tuve la oportunidad de vestirme adecuadamente. Además, éramos muy pobres y desatendidos. A mis padres no les importaba lo que nos poníamos; Estaban demasiado ocupados consumiendo drogas.

Al ver esto, Emilio me llevó de vuelta a casa, pero al día siguiente vino con una bolsa negra llena de mucha ropa. No sé si eran nuevos o no, pero estaba feliz de tener ropa nueva, y eran de marca. Estoy registrando esta historia en las páginas de este libro porque este momento de mi vida me marcó. No me daba vergüenza; Fui bendecido y agradecido.

Nunca más volvimos a la iglesia del hermano Emilio Nieves después de eso. Mi padre realmente nunca le dio su corazón al Señor en ese momento, pero Emilio Nieves sembró tal semilla en mi vida que hoy como pastor, tengo que salir a las calles de nuestra comunidad y regalar cosas. Pregúntale a cualquiera que conozca a Pastor Pablo o a Lighthouse Assembly, y te dirá que vivo en la comunidad, tratando de adquirir y dar recursos a los más pequeños y necesitados.

El hermano Emilio Nieves siguió siendo un hombre fiel e hizo lo que Dios nos llama a hacer: evangelismo y alcance. Pasó fielmente, tocó la bocina y gritó Dios lo bendiga todos los días. Nos invitó y asistimos; Dio generosamente y nunca esperó a cambio.

Varios años después, después de que mi padre vino a Cristo y comenzó a servir al Señor, mi familia y yo nos conectamos a una iglesia llamada Jehová Shalom en la calle 174 y Boston Road, y he aquí que el hermano Emilio Nieves se había transferido de esa iglesia de apartamentos a la que solía ir y era miembro de nuestra iglesia.

Dios sabe cómo orquestarlo todo. La semilla que había plantado estaba allí para que él la viera dar fruto. Lloro cada vez que pienso en Emilio Nieves. Necesitamos más Emilios alcanzando a los perdidos en el centro de la ciudad, repartiendo ropa y llevándolos a la iglesia.

DEVOCIONAL

◆

SIGUE
PLANTANDO SEMILLAS

S i hablas con alguien que planta, cultiva o cultiva, te dirá que se requiere una gran paciencia para cultivar cualquier cosa. Tratar con semillas nunca es una tarea sencilla. Tienes que encontrar un terreno fértil, plantar la semilla, regar el suelo, esperar a que las semillas salgan a la superficie y mantener el medio ambiente. Pueden pasar semanas, si no meses, antes de que veas algún fruto de esa semilla. Tienes que revisarlo constantemente.

Esto es exactamente lo que el hermano Emilio Nieves hizo por mi familia y por mí. Él plantó la semilla del evangelio de Jesús, el evangelio de la esperanza. No vio resultados inmediatos, pero siguió viniendo, tocando la bocina, invitándonos a la iglesia con una sonrisa y bendiciéndonos con su generosidad.

La Palabra de Dios dice: *"Así que no nos cansemos de hacer el bien; porque si no nos damos por vencidos, vendrá el tiempo en que recogeremos la cosecha"* (Gálatas 6:9). El hermano Emilio entendió muy bien este principio. Hoy, soy un producto de la semilla Él plantó, y toda mi familia es bendecida porque nunca dejó de revisar las semillas que sembró.

¿Te sientes desanimado porque has invertido mucho en los demás y no has visto que valga la pena? Mantén el rumbo y no pierdas la esperanza. Es una ley de la vida que si plantas semillas, eventualmente cosecharás. La clave es plantar muchas semillas y no ser tacaño con ellas. Te prometo que volverán a ti con abundantes dividendos.

Os dejo con estas palabras de despedida: *"Recordad que la persona que siembra pocas semillas tendrá una pequeña cosecha; el que siembra muchas semillas tendrá una cosecha abundante"* (2 Corintios 9:6). Tu trabajo es seguir vertiendo en la gente, siendo una bendición para los demás. Alegra el día de alguien, haz un recado por ellos y confía en que Dios te recompensará con una cosecha abundante. ¡Sigue plantando semillas!

CAPÍTULO 14

◆

MARCOS RODRIGUEZ

Soy un firme creyente de que hay algunas personas que llegan a tu vida por una temporada y por una razón. Hay algunas personas que, cuando llegan a tu vida, simplemente dejan una huella, y otras simplemente se van. Mientras me siento y escribo estas líneas, puedo ver que Dios estaba moldeando mi vida en cada paso del camino. Sin padre ni madre, Dios me estaba formando para convertirme en el hombre que soy hoy.

Si llegas a saber algo de mí, sabrás que tengo una gran pasión por la casa del Señor (la iglesia). Tengo una cosa especial en mí que se presta a los detalles importantes y significativos de la iglesia. ¿Están limpios los baños?, ¿hay suficientes artículos de tocador?, ¿es buena la señalización?, ¿cuándo están programados los equipos de limpieza?, ¿se ha eliminado la basura correctamente?, etc. Pregúntale a mi equipo en la iglesia local que pastoreo, y ellos te lo dirán.

Al pensar en el pasado, tengo que decir que un hombre muy importante en mi vida me inculcó esta mentalidad de cuidar la casa de Dios. Su nombre es Marcos Rodríguez. Hermano Marcos (que ahora es pastor) era un líder local en nuestra iglesia. Puedo recordar como si fuera hoy; me vio en un servicio a mitad de semana y me dijo: "Oye 'Pablito', ¿quieres pasar el rato el sábado?" Hambriento de cualquier afecto que pudiera obtener o pasar el rato en cualquier lugar, simplemente no podía soportar estar en casa con mi abuela gruñona o atrapado en la sala de estar, así que dije: "Sí, me encantaría".

La primera vez que el hermano Marcos me preguntó, recuerdo cuando me recogió en la camioneta de la iglesia. Yo estaba como, "Está bien, estamos pasando el rato en la camioneta de la iglesia", luego condujo a nuestra iglesia un sábado por la noche y sacó un gran juego de llaves (un gran juego de llaves es una exageración); Cualquiera que conozca a Marcos Rodríguez sabe que siempre tuvo como 200 llaves colgando de su costado en su cinturón. Al abrir la iglesia, abrió las puertas de la iglesia vacía y dijo: "Está bien, ve al armario, toma un balde y llénalo con agua caliente; La fregona también está en el armario, y empezarás por fregar el salón de la comunidad".

Yo estaba como, "Espera, ¿qué?" Pero lo hice sin hacer preguntas. Mientras trapeaba, él simplemente desaparecía y lo escuchaba martillar o arreglar cosas alrededor del edificio. Cuando terminaba, le avisaba que había terminado, y luego me decía: "Sube las escaleras y coge la aspiradora, coge la aspiradora.

Cable de extensión largo de color naranja, conéctelo a la aspiradora y recorra todos los pasillos de la iglesia (tres pasillos de bancos) y aspire el santuario. Yo estaba como, "Espera, ¿qué? ¿Pensé que estábamos pasando el rato?" Pero lo hice. De nuevo, él desaparecía, y cuando yo terminaba, me acercaba a él, y él decía: "Tomemos una manguera de agua y conectémosla al exterior en el costado del edificio y comencemos a lavar cualquier suciedad o escombros frente a la iglesia". Yo estaba como (ya sabes) . . . "Espera, ¿qué?"

Esto fue solo en el primer día de que "pasamos el rato". Hacíamos esta rutina semana tras semana. Para entonces, empecé a amar hacer esto. Sentía que conocía el edificio de la iglesia de adentro hacia afuera, y me jactaba ante otros jóvenes de que sabía que tenía las llaves de los armarios, sótanos y compartimentos secretos. Mientras limpiábamos semana tras semana, ponía música a través del sistema de sonido de la iglesia y adoraba mientras trapeaba el salón de compañerismo.

Aprendí a reflexionar, meditar y pensar mientras aspiraba el suelo del santuario. Aprendí a orar en voz baja e interceder mientras estaba al frente rociando el concreto con agua. Me alegré mucho limpiando la casa de Dios porque era mi tiempo con él.

Lo que yo no sabía era que el Señor usó al Hermano Marcos Rodríguez para inculcarme este gran valor de tener amor por la casa de Dios. Mientras mi madre y mi padre estaban en algún lugar drogándose y no se encontraban por ningún lado, mientras mi hermano y mi hermana estaban en casa con mi abuela, y mientras todos mis amigos probablemente pasaban el rato un sábado, Dios me estaba formando y moldeando para cuidar de su casa.

Marcos Rodríguez es otro mentor en mi vida. Nunca faltó un día de servicio. Él era el hombre que lo arreglaba en la iglesia; él amaba la casa del Señor, y ahora, cuando pienso en el pasado, no puedo creer que yo también tenga 200 juegos de llaves. Oye, puede que no haya tenido un papá que me enseñara a arreglar autos o que me pidiera que le consiguiera herramientas mientras construía algo, pero tuve a Marcos Rodríguez para que me mostrara cómo trabajar con excelencia en la casa de Dios. Verdaderamente, la Escritura se cumple cuando dice que Dios sería el padre de los huérfanos.

Hoy, tengo que ver la iglesia que dirijo limpia y huele bien. Le pido a mi equipo que tenga la amabilidad de tener las velas que mejor huelen, conseguir el mejor equipo de limpieza y establecer equipos para asegurarse de que la casa de Dios esté en orden.

A todos los que leen esto, nunca se sabe cómo se puede ser un Hermano Marcos Rodríguez en la vida de alguien. Estar en la iglesia todos los sábados por la noche mientras todos estaban probablemente pasar el rato me salvó la vida, lo que me mantuvo fuera de los rincones del gueto; eso me dio algo que hacer y sentirme orgullosa de ello, pero sobre todo, me ayudó a crecer en mi caminar con Cristo. Estoy agradecido de que Marcos Rodríguez no me haya ofrecido como voluntario; Él me "voluntó" a mí.

MARCOS RODRIGUEZ

◆◆◆

CONFÍA EN EL PROCESO

Si naciste o creciste en los años ochenta, es posible que estés familiarizado con una película conocida que fue tan buena que tuvieron que hacer es una trilogía. Esta película es *7e Karate Kid*. Me encantó esta película porque mostró la importancia de la tenacidad y de nunca rendirse, incluso cuando la vida parece estar en tu contra. En una escena en particular, un niño llamado Daniel Larusso se muda de Newark, Nueva Jersey, a California y se enfrenta a un intenso acoso. Es solo cuando busca la ayuda de un sensei de karate mayor y más sabio llamado Sr. Miyagi que comienza a encontrar una manera de defenderse.

Después de rogarle al Sr. Miyagi que lo entrene, se le dice que se reúna con él en su casa para sesiones de entrenamiento. Sin embargo, en lugar de recibir capacitación directa, a Daniel se le asignan tareas para hacer. Se le dice que encere el auto del Sr. Miyagi y pinte su cerca, y durante estas tareas, el Sr. Miyagi repite las frases "encerar, encerar" y "pintar hacia arriba y pintar hacia abajo". Daniel se convierte en frustrado y exclama: "¡No vine aquí a hacer tus tareas! Vine a aprender a pelear y defenderme".

De lo que Daniel no se dio cuenta es de que estas tareas aparentemente mundanas eran en realidad parte de su entrenamiento. Los movimientos que aprendió mientras se depilaba y pintaba hacia arriba y hacia abajo se convirtieron en la base de sus técnicas de defensa cuando se enfrentaba a sus acosadores.

En mi propia vida, también me encontré con una figura parecida al Sr. Miyagi llamada Marcos Rodríguez. Era un líder en la iglesia a la que asistía y era responsable de la limpieza de la iglesia. A menudo me invitaba a ayudarlo, y aunque a veces sentía que me estaban usando como sirvienta, iba porque me permitía escapar de mi hogar. Poco sabía que Dios estaba usando a Marcos para moldearme para mi futuro. Cualquiera que me conozca puede dar fe de que, como pastor, tengo un profundo aprecio por las instalaciones de la iglesia limpias y bien mantenidas. Se ha convertido en una de mis mayores manías. Esto se debe a que mi Sr. Miyagi personal, Marcos Rodríguez, me inculcó el amor por la casa de Dios. Es posible que encuentres lo que estás aprendiendo o siendo actualmente forzado a hacer molesto, pero recuerda que la Biblia dice:

"Enseñas (entrenas) mis manos a pelear y mis brazos a usar un arco de bronce" (Salmo 18:34). En otras palabras, lo que estás haciendo hoy te está preparando para mañana.

Los dejo con estas palabras de despedida: Necesitamos más figuras como Marcos Rodríguez para ayudar a entrenar a los jóvenes para las batallas que enfrentarán. Muéstrales las cuerdas, enséñales cómo cambiar una llanta, revisar el aceite e incluso usar un cepillo giratorio. Te sorprenderá cómo estas habilidades te serán útiles cuando las necesites. Así que, jóvenes, no rehúyan el trabajo duro desde el principio, porque más adelante en la vida, se convertirán en maestros artesanos en lo que hacen.

◆

CONVIRTIÉNDOSE EN PASTOR PABLO

◆

"Cree en el Señor Jesús y serás salvo,

junto con todos los miembros de tu casa"

(Hechos 16:31 NTV).

CAPÍTULO 15

•◆•

MI PASTOR: REV. RICARDO GUZMAN

M i padre siempre oró por mi madre, y me enseñó a no despreciarla nunca. Tengo que admitir que fue difícil. Estaba tan decepcionado con ella. No podía creer que nos dejara de nuevo. Pasaron los años. Continuamos yendo a la iglesia como familia, y mi padre decidió unirse a una iglesia que cambiaría para siempre el curso de mi vida.

Siento que es importante para mí insertar y dedicar una parte de este libro a una iglesia que jugó un papel muy importante en mi vida, no solo una iglesia, sino su maravilloso pastor principal. Esa iglesia era Jehová Shalom, y ese pastor era el reverendo Ricardo Guzmán.

Este pastor era un hombre maravilloso. Recibió a mi familia, escuchó nuestra historia y nos ministró de todas las maneras posibles. Recuerdo cómo el pastor Guzmán me llamaba después de que salía de la escuela, y me pedía que fuera a la escuela su oficina. Nuestra iglesia era una antigua sala de cine, y su oficina estaba en la parte superior donde se reproducían los rollos de películas. Iba a su oficina cuando él lo solicitaba, y él simplemente me llamaba allí solo para dejarme observarlo tomar y hacer llamadas, dirigir reuniones y estudiar para las enseñanzas y la preparación de sermones. Me gustaría

Me pregunto por qué estaba aquí después de la escuela. Lo observaba abogar por la comunidad mientras hacía llamadas a varios funcionarios electos.

En una ocasión, recuerdo que me enseñó sobre la preparación de sermones. Tenía solo catorce años. Él me dijo: "Sabes, el cielo está lleno de mensajes. Como predicador, nunca tienes que reciclar un sermón o copiarlo de otra persona. Mantén tus oídos atentos a Dios, y Él te dará una palabra".

Un día, el pastor Guzmán me pidió que comenzara a dar la introducción a las clases de la escuela dominical. Recién me estaba abriendo, pero para hacer esto, tenía que ser parte del Comité de Educación Cristiana y tenía que llegar temprano a la clase del maestro todos los domingos por la mañana. Hice esto durante varios meses y lo disfruté. Debe haber visto algo en mí.

Pronto, me pidió que fuera su traductor dominical de todos los días. De nuevo, sólo tenía catorce años; sin embargo,

Dios no se fijó en la edad ni en los requisitos. Traduciría con la misma pasión que él predicaba, y pronto, la gente me invitaba a traducir sus sermones y predicar en sus iglesias. Mi pastor siempre me dejaba ir mientras estuviera en la iglesia en mi puesto todos los fines de semana.

Tengo tantos momentos entrañables de mi querido pastor, un hombre que me mostró el poder de la oración efectiva y me enseñó a organizar y reunir a las personas por una causa común. El reverendo Ricardo Guzmán era un hombre que tenía visión y podía ver cuando la mano y el llamado de Dios estaban sobre alguien. Este fue el hombre que estuvo ahí para mí en el momento más doloroso de mi vida.

DEVOCIONAL

◆

EL APRENDIZ

No, este devocional no es sobre el antiguo programa exitoso del presidente Donald Trump en NBC llamado *7e Apprentice*. Sin embargo creo que todavía hoy podemos aprender de esta palabra.

La palabra *aprendiz* se define como alguien que está aprendiendo un oficio, arte o vocación a través de la experiencia práctica con trabajadores calificados (Diccionario Merriam Webster).

¿No es interesante? Simplemente significa que somos aprendices. Desde el momento en que nacemos, nos adaptamos y aprendemos constantemente. La verdad es que aprendemos de todo y de todos. Fuimos creados para absorber conocimiento, como esponjas. Por ejemplo, vas a la escuela y escuchas a un amigo decir una palabrota. No piensas en ello, pero luego te vas a casa, y justo delante de tus padres, sueltas tu nueva palabra de vocabulario (la palabra maldita). ¿Cuál es su respuesta? «¿De dónde aprendiste eso?» o «¿Quién te enseñó esa palabra?» En tu inocencia, te sorprende su reacción, pensando: «¿Qué hice?» Bueno, ese día, aprendiste dos cosas, tal vez más: no repitas todo lo que dicen tus amigos. Tus padres te acaban de enseñar sobre el lenguaje soez (ese fue el día en que lo aprendiste). Verás, cada experiencia y momento en la vida es una experiencia de aprendizaje. Para convertirte en un experto en algo, primero tienes que ser un buen estudiante o aprendiz. La Palabra de Dios dice: *"Enseñad a los niños cómo deben vivir, y lo recordarán toda su vida"* (Proverbios 22:6).

En mi caso, yo era aprendiz de mi pastor en ese momento, y ni siquiera lo sabía. Lo vi escribir sermones, atender llamadas telefónicas, abogar por la gente y dirigir reuniones, entre otras cosas. Yo estaba allí, ocupándome de mis propios asuntos, sin darme cuenta de que era un aprendiz de un hábil hombre de Dios. Me estaban formando para lo que soy hoy.

Os dejo con estas palabras de despedida: *"Os he enseñado sabiduría y el camino correcto para vivir. Nada se interpondrá en tu camino, si andas sabiamente, y no tropezarás cuando corras"* (Prov. 4:11-12).

Todo lo que hacemos en la vida está orquestado por Dios. Él está lleno de sabiduría infinita y está listo para enseñarnos. ¡Todo lo que tenemos que hacer es estar dispuestos a ser Su aprendiz! Nunca dejes de aprender.

_____

_____

_____

_____

_____

_____

_____

_____

_____

_____

_____

CAPÍTULO 16

◆

LA MUERTE DE MI PADRE

El 1 de mayo de 1998, me levanté temprano en la mañana, y en mi sala de estar, allí estaba mi padre de rodillas, orando como lo hacía todos y cada uno de los días. Lo escuché decir: "Dios, te pido que cubras a mis hijos, los ayudes y los mantengas". Se refería a mí como Junior (ya que llevo su nombre). Él dijo: "Señor, guía a Junior y cumple tus promesas en él".

Salí de la casa esa mañana y nunca más lo volvería a escuchar. Cuando regresé a casa esa tarde, recuerdo haber escuchado un mensaje que mi hermana mayor, Brenda, dejó en el contestador automático. Ella dijo: "Junior, hemos estado tratando de comunicarnos contigo todo el día. Cuando recibas este mensaje, ponte en contacto con nosotros. Papá fue a una cita con el médico y se desmayó en el hospital. Llega rápido". Recogí a mi hermanito y fui al hospital.

Cuando llegué al Centro Médico Jacobi, mi hermana estaba allí, y había gente de nuestra iglesia. Un médico se acercó a mi hermana y a mí y nos preguntó: "¿Son estos tus hermanos?".

Ella dijo: "Sí, los dos están aquí".

Me miró y dijo: "Lo sentimos. Tu papá no lo logró. Tenía insuficiencia cardíaca y no podíamos traerlo de vuelta. Le diagnosticaron un corazón agrandado". Me quedé mirando al médico mientras continuaba: "Puedes ir a la habitación y ver el cuerpo".

Al entrar en la habitación, vi a mi querido padre con un tubo que sobresalía de la boca. Realmente parecía que mi papá estaba durmiendo con la boca abierta. Rompí a llorar y comencé a abofetearlo suavemente en la cara, diciéndole: "Levántate, levántate. Por favor, levántate".

De repente sentí una mano en mi hombro y escuché una voz que decía: "Está bien, es hora de venir conmigo". La primera persona que me consoló en ese momento fue mi pastor, el reverendo Ricardo Guzmán.

¿Sabes lo que me sorprende hasta el día de hoy? Todo el liderazgo de mi iglesia estaba en el vestíbulo del hospital. No lo he olvidado.

Tenía diecisiete años y aquí íbamos de nuevo. Yo era huérfano; ¡No hay papá ni mamá otra vez! ¡La historia de mi vida! Mi mamá no estaba. Faltaba y estaba tirada. En ese momento, mi abuela había fallecido, entonces, ¿a dónde iríamos ahora?

Durante los días siguientes, mi dulce y querido pastor, el reverendo Ricardo Guzmán, encarnó lo que era consolar a los quebrantados. Recuerdo una ocasión en la que me recogió en su furgoneta verde. Condujo hasta donde vivíamos y me dijo que lo llevara a la *bodega* (tienda de la esquina), así que lo hice. Nunca olvidaré esto. Entró y le preguntó al hombre: "¿Cuánto dinero debe la familia Pizarro?". El hombre le dio la cantidad. Sacó dinero, le pagó al dueño de la tienda y procedió a decirle que mi papá había fallecido.

Al crecer, la forma en que mi papá podía hacer las compras de alimentos o comprar cualquier cosa para nosotros era obteniendo una línea de crédito en la tienda local. Nos enviaba a la tienda a comprar artículos esenciales como pan, leche, arroz (yo metía papas fritas a escondidas) y jabón. Luego, el empleado de la tienda sacaba un cuaderno, anotaba el nombre de mi padre y la cantidad adeudada por esa transacción, y a fin de mes, mi padre la pagaba. Creo que mi pastor sabía que mi papá no podía pagar la cuenta de fin de abril, así que fue y se hizo cargo de la deuda de mi padre.

Mi padre no era un hombre rico. No nos dejó testamento ni dinero; Sin embargo, mi papá me dejó su extraordinaria fe.

Los gastos de su funeral fueron pagados en su totalidad y tuvo un buen funeral. Dios colocó a dos personas sobresalientes en mi vida que ayudarían a cubrir todos los gastos del funeral de mi padre. Esos dos hombres eran mis empleadores y amigos, Anthony Ocasio e Israel Peña. Recuerdo como si fuera hoy cómo me miraron y me dijeron: "No te preocupes. Todo será atendido". Entraron en la oficina del director de la funeraria y comenzaron a pagar billetes de cien dólares, pagando todo en efectivo.

Cuando pienso en ello ahora, la última oración de mi padre en la última mañana que escuché su voz fue: "Dios, provee para mi familia y guía a Junior". Es increíble porque esos mismos tipos que pagaron el funeral de mi padre inmediatamente me acogieron y me dejaron vivir con ellos a los diecisiete años. Mi hermano y mi hermana se mudaron con mi pastor, el reverendo Ricardo Guzmán (qué gran hombre).

Podrías preguntar: "¿Por qué no te mudaste con tus hermanos y el pastor?" Digamos que ya tenía planes. Conocí a una joven llamada Erika, y tenía toda la intención de casarme con ella. De hecho, me casé con ella dos meses después de la muerte de mi padre, exactamente un mes antes de que cumpliera dieciocho años. Sin embargo, si quieres saber sobre el amor de mi vida, Erika, ¡tendrás que esperar y leer el próximo libro! Allí te lo cuento todo. Sí, me casé a los diecisiete años.

DEVOCIONAL

◆◆◆

SER ABANDONADO

¿**A**lguna vez te has encontrado con esos videos virales en las redes sociales que muestran animales abandonados? Recuerdo haber visto uno sobre un perro de Texas. La dueña colocó al perro en la parte trasera de su auto y, como cualquier perro emocionado, saltó. Luego, el dueño condujo hasta un lote baldío, hizo que el perro saliera del asiento trasero y simplemente lo dejó en medio de la calle antes de irse. El perro se quedó allí con las orejas caídas y la cola hacia abajo, mirando fijamente cómo desaparecía el coche.

No pude evitar preguntarme qué pasaba por la mente del perro. ¿Cómo influyó este trágico momento en su semana, mes o incluso años? ¿Lloró el perro esa noche? ¿Le costó dormir bien durante la primera semana? ¿Vagó kilómetros y kilómetros en busca de su dueño? ¿Ese perro finalmente pereció en su búsqueda para encontrar a su dueño? Puede que nunca lo sepamos.

Así es como se ve el abandono. Es alguien que se va de tu vida o que te abandona sin ninguna explicación, dejándote con innumerables preguntas, vacío y dolor.

Cuando mi padre falleció, me pregunté por qué Dios tenía que llevárselo después de haber cambiado su vida. ¿Por qué ahora? Necesitaba a mi padre cuando era niño, y ciertamente lo habría necesitado cuando era adolescente y adulto. ¿Por qué tuvo que dejarme? Me sentía tan abandonada, buscando respuestas que parecían estar fuera de mi alcance. Era el dolor más intenso que había experimentado en mi vida.

Me sentí como ese perro abandonado solo en medio de la calle, preguntándose a dónde se había ido y por qué se había ido. La Palabra de Dios dice: *"Aunque mi padre y mi madre me abandonen, el Señor cuidará de mí"* (Salmo 27:10).

Es posible que te sientas abandonado por la persona más importante de tu vida:

- Es posible que tu esposo te haya abandonado a ti y a los niños por otra mujer.
- Es posible que tu padre o tu madre hayan huido de sus responsabilidades de criarte.
- Es posible que sus hijos se hayan escapado y lo hayan dejado.

Recuerda, la promesa de Dios es que Él cuidará de ti. Te dejo con estas palabras de despedida: *"Porque no abandonarás mi alma al Seol, ni dejarás que tu santo vea corrupción"* (Sal. 16:10 CEB).

¡Dios te tiene! No estás abandonado, sino que has sido adoptado.

_____

_____

_____

_____

_____

_____

_____

_____

_____

CAPÍTULO 17

◆◆◆

DÁNDOLE LA
ESPALDA A DIOS

Osar a mi padre fue la experiencia más dolorosa de mi vida. Sin embargo, he aprendido que la vida no se detiene y espera para nosotros. Sigue moviéndose, así que simplemente traté de mantenerme al día con la vida. Ahí estaba yo, un joven que había anhelado el afecto de su mamá y su papá toda su vida y nunca lo tuvo. Ahora, estaba a punto de entrar rápidamente en la vida adulta. Cuando cumplí dieciocho años, ya iba a ser padre.

¿Recuerdas aquella oración que hice cuando tenía ocho años? Era como si Dios le respondiera lentamente y en segmentos. Lo respondió pieza por pieza, como un rompecabezas durante un lapso de años:

– Evitó que nuestra familia fuera a un hogar de acogida.

– Él sanó a mi hermano de ser mudo.

– Él salvó a mi padre, quien falleció como creyente.

– Él me guió y me protegió; Me mantuvo con los pies en la tierra.

Quedaba una gran pieza del rompecabezas. Le había pedido a Dios que salvara tanto a mi madre como a mi padre, pero por lo que recuerdo, mi madre todavía estaba entregada a su estilo de vida de drogas.

Aquí estaba yo, un hombre de dieciocho años, mucho más amargado y enojado porque durante la mitad de mi vida había sido abandonado y huérfano. Ahora, yo estaba casado y tenía un hijo. Lo que discutiré aquí será en mi próximo libro porque deseo compartir con ustedes sobre las lecciones del matrimonio y la vida familiar a una edad temprana, junto con todo el bagaje de toda la vida que ambos trajimos a la relación.

En el año 2000, mi padre había fallecido hacía dos años, y yo era un joven de veinte años que pronto sería padre por segunda vez. Estaba en un viaje de toda la vida en busca de respuestas. Mi madre estaba en la cárcel (otra vez). Me mudé de la ciudad de Nueva York a Nueva Jersey con el propósito de huir de todo. Me dolió profundamente el fallecimiento de mi padre. Estaba enojado con mi madre. Mi hermano y mi hermana vivían con mi pastor. Era padre de dos hijos y ya tenía problemas matrimoniales con mi esposa. Parecía que el círculo vicioso de la disfunción familiar me perseguía.

Durante este tiempo, dejé de ir a la iglesia por completo. Todas esas experiencias de limpiar la casa de Dios, pasar tiempo con él, predicar en otras iglesias, y ir a la cárcel y contarle a la gente lo que Dios hizo en mi padre era un mero recuerdo. Estaba enojado porque pensé que Dios no había respondido a la oración del niño de ocho años. Sentí que lo había hecho medio bien, y justo cuando comencé a amar la vida y a mi querido papá, aquí vino Dios y se lo llevó. (Al menos esos eran mis pensamientos).

Empecé a vivir una vida que juré que nunca viviría. Siempre estaba enojado y molesto. Pensé que ser abusivo de la manera en que lo era mi padre antes de convertirse al cristianismo era la forma de ser. También pensé que tal vez debería beber para adormecer la ira y el dolor.

Un día, estaba tan enojado que simplemente salí y planeé emborracharme tanto, lo cual comencé a hacer, y recogí a mi hermano pequeño solo para pasar tiempo con él. Cuando iba a llevarlo de vuelta a casa, me perdí. En ese momento, no sabía mucho sobre Nueva Jersey. Estaba perdido, borracho y frustrado. Mientras trataba de encontrar el camino de regreso para llevar a mi hermano,

Vi una iglesia de las Asambleas de Dios, e inmediatamente me detuve y comencé a llorar. Era un sábado por la noche, intenté abrir la puerta de la iglesia, pero estaba cerrada. Cuando regresaba a mi auto, escuché a alguien decir: "Sí, ¿puedo ayudarte?" Le dije al hombre que salió: "¿Tienes servicio hoy?" Él dijo: "No, solo estamos limpiando el templo", y señaló hacia adentro. Yo dije: "Está bien, gracias", y este hombre (que más tarde supe que era el pastor) me dijo: "No te conozco, pero Dios quiere que te diga que perteneces a ese púlpito (el escenario o plataforma de la iglesia)". Él dijo: "Estás huyendo de todos, y estás huyendo de Dios porque perdiste a tu padre".

Lo que sea que estaba bebiendo ese día me abandonó por completo. Comencé a llorar y supe que el llamado de Dios a mi vida todavía estaba allí. Al día siguiente, domingo, asistí al servicio con mi esposa y mis hijos. Volví a comprometer mi vida con Cristo, ¡y todo mejoró!

Espera, pero hay más. Ustedes se acuerdan de mi madre, ¿verdad? En ese momento, todavía estaba en prisión en Nueva York. Ella no tenía ninguna relación con mis hijos o mi esposa, y de alguna manera, de la nada, me llamó y me dijo: "Pronto me liberarán de la cárcel y no tengo familia en Nueva York. Todos ustedes se mudaron a Nueva Jersey".

¿Sabes lo que hice? ¡Colgué el teléfono! Mi esposa inmediatamente me regañó y dijo: «Eso no es agradable.

¿Qué pasó con ser semejante a Cristo y perdonar?» Tengo que admitir que después de escuchar a mi esposa decirme eso, me sentí muy mal.

Aproximadamente una semana después, mi madre volvió a llamar y dijo lo mismo, pero esta vez, lo pensé. Mi mamá me preguntó si podía quedarse conmigo, y yo le dije con mucha severidad: "Estabas nunca en mi vida, ¿y ahora quieres que te ayude? Está bien, lo haré, pero esta casa es mi casa, y respetarás, irás a la iglesia, harás lo que te digo, no les mostrarás a mis hijos las tonterías que nos hiciste mientras crecías y, finalmente, no puedes quedarte demasiado tiempo".

Llegó el momento en que la liberaron y se vino a vivir con nosotros. No perdí el tiempo. Era mezquino, beligerante y grosero.

Un domingo por la mañana, le dije que se levantara; Era hora de ir a la iglesia porque en esta casa íbamos a la iglesia. Ella me dijo directamente: "No voy a ir". Estaba furioso y me puse desagradable con ella. Algo me dijo: "Tranquilízate y pregúntale por qué te hace pasar a ti y a tu familia por todo lo que ella les hizo pasar. Habla con ella. Pregúntale por qué hace esto". Cuando lo hice, ella simplemente comenzó a llorar y me dijo: "Fui violada por mi propio padre. Cuando se lo conté a mi madre, no me creyó. Me pusieron en un hogar de acogida hasta los diecisiete años. Conocí a un hombre con el que no estaba casada, y me dijo que volvería después de servir en la Marina Mercante, pero nunca volvió por mí". Luego, conoció a mi padre, quien aparentemente era el amor de su vida, pero si has estado leyendo hasta ahora, sabes cómo resultó eso. El amor de su vida (mi padre) la golpeó y abusó de ella nunca la honró, y se casó con ella después de estar con ella durante dieciocho años, y para colmo, abortó y perdió trece bebés. Cuando tuvo hijos, su hijo mayor nació adicto al crack y a la cocaína, y el menor nació prematuro y adicto al crack y a la cocaína.

Cuando se trata de mí, la gente pregunta: "Bueno, ¿qué pasó contigo?" Bueno, mi madre me explicó que mientras estaba embarazada de mí, estuvo encarcelada durante nueve meses. Estaba limpia, y cuando salió, me dio a luz. Por eso sé que Dios me había separado del vientre de mi madre. Mi versículo favorito es Jeremías 1:5: "Te conocí antes de formarte en el vientre de tu madre. Antes de que nacieras, te aparté y te constituí como mi profeta a las naciones".

Después de escuchar a mi mamá explicarme todo esto sobre el abuso en su vida y cómo su padre le falló, su primer esposo le falló en su matrimonio y luego mi padre le falló, sentí que Dios decía: "No seas el próximo hombre en fallarle". Fue a partir de ese día que empecé a amar a mi mamá. Con solo amarla y ayudarla a recuperarse, comenzó a recuperarse, a ayudar a cuidar a mis hijos, a llevarse bien con mi esposa, y un día, sola, se levantó y fue a la iglesia. ¿Adivina qué? Ella entregó su corazón al Señor y nunca se fue.

Nos mudamos a Jersey y ella ha estado limpia 21 años, y ahora tengo el mayor honor de ser su pastor. Ella es ha sido la abuela perfecta. Ha hecho cosas por mis dos hijos que nunca hizo por mis hermanos ni por mí. Ha vivido y ha dado su segunda oportunidad en la vida como abuela. Lo que no hizo bien en la primera mitad de su vida, seguro que lo ha compensado.

Ah, y por cierto, Dios cumplió la oración de un niño de ocho años porque salvó a mi madre, a mi padre, y tanto a mi hermano como a mi hermana están sirviendo al Señor conmigo en Newark, Nueva Jersey.

Así que cumplí mi parte de la oración, y les estoy hablando de lo bueno que es Dios.

DEVOCIONAL

✦◆✦

GIRO DE TALÓN

"Giro de Talón" se refiere a un jugador o persona que cambia de una persona de "cara" a una persona de "talón", pasando de una persona de "talón" de un "chico bueno" a un "chico malo". Aprendí este término de la lucha libre y las películas de ciencia ficción.

Uno de los ejemplos más notables de alguien que "se vuelve heel" es cuando Hulk Hogan fue reintroducido como "Hollywood Hogan" y se unió al Nuevo Orden Mundial (NWO). Era inimaginable ver a Hulk Hogan, a quien siempre habíamos visto defendiendo a los inocentes y haciendo lo correcto, transformarse en un malvado villano.

Por increíble que parezca, a veces el enemigo de nuestras almas, al que nos referimos como el diablo en la Biblia, nos convence de que nos volvamos contra nuestro Señor y Salvador, Jesucristo. El diablo también trata de ponernos en contra de aquellos que más nos aman, incluyendo a Dios, tal como lo hizo Hulk Hogan.

El diablo nos susurra mentiras y dudas al oído, persuadiéndonos de que no necesitamos a Dios, que podemos manejarlo todo por nuestra cuenta. Poco a poco, sin siquiera darnos cuenta, comenzamos a distanciarnos de Dios, dándole la espalda a su amor y gracia.

Recuerdo vívidamente el momento en que me sucedió. Fue una época oscura y solitaria de mi vida, llena de dolor y confusión. Siempre había sido un fiel seguidor de Cristo, asistiendo regularmente a la iglesia y orando, pero el enemigo vio una abertura, una grieta en mi armadura, y aprovechó la oportunidad. Me susurró dudas sobre mi valía, mi propósito, y la fe. Me hizo cuestionar todo aquello en lo que alguna vez había creído. Y en ese momento de debilidad, tomé la decisión de darle la espalda a Dios. Abandoné mi fe, rechazando Su amor y guía.

Fue un proceso gradual, como un lento descenso a la oscuridad. Dejé de ir a la iglesia, dejé de orar y ya no busqué la voluntad de Dios en mi vida. En cambio, abracé una vida de egoísmo y pecado, entregándome a los placeres mundanos y buscando la satisfacción en todos los lugares equivocados.

Pero al igual que Hulk Hogan finalmente se dio cuenta del error de sus caminos y volvió a la cara, encontrando la redención en el ring de lucha libre, yo también llegué a un punto de ruptura. El vacío y la culpa se volvieron insoportables, y anhelaba la paz y el gozo que solo Dios puede proporcionar.

En ese momento de desesperación, caí de rodillas y clamé a Dios. Confesé mis pecados, mis dudas y mi rebelión. Y en su infinita misericordia, me recibió con los brazos abiertos. Él me perdonó y restauró mi fe, recordándome que Su amor es incondicional y que Su gracia es suficiente.

Darle la espalda a Dios fue el mayor error de mi vida, pero también se convirtió en el catalizador de mi crecimiento y transformación espiritual. A través del dolor y las consecuencias de mis acciones, aprendí la importancia de permanecer arraigada en la verdad de Dios y confiar en Su fuerza.

Ahora, me esfuerzo por vivir una vida que refleje el amor y la gracia de Dios. Mi objetivo es ser una luz en la oscuridad, compartiendo el mensaje de redención y esperanza con otros que también pueden haberle dado la espalda a Dios. Conozco de primera mano el poder de Su perdón y el gozo de estar reconciliado con Él.

Si te encuentras en una encrucijada, tentado a darle la espalda a Dios, recuerda que Él siempre te está esperando con los brazos abiertos. No importa cuán lejos te hayas desviado o cuán profundo hayas caído, Su amor y gracia son más grandes que cualquier error o rebelión. Vuélvete a Él y encontrarás perdón, restauración y un amor que nunca te dejará ir.

"7EY habría estado mejor si nunca hubieran sabido cuál era el camino correcto. Aun después de saber lo que era correcto, le dieron la espalda a los santos mandamientos que se les dieron. Lo que les sucedió es como el verdadero dicho: "Un perro volverá a lamer su propio vómito. Un cerdo que ha sido lavado se revolcará en el lodo""

(2 Pedro 2:21-22).

Milton Keynes UK
Ingram Content Group UK Ltd.
UKHW011457260824
447446UK00015B/1167